शीशा-घर में तोड़-फोड़

मुश्ताक़ अहमद यूसुफ़ी

शीशा-घर में तोड़-फोड़

संकलन

डॉ. मज़हर अहमद

BOOKS राजकमल प्रकाशन

BOOKS राजकमल प्रकाशन

रेख़्ता बुक्स
बी-37, सेक्टर - 1, नोएडा
उत्तर प्रदेश - 201301

rekhtabooks@rekha.org
www.rekhtabooks.com
www.rajkamalprakashan.com

शीशा-घर में तोड़-फोड़

संकलन : डॉ. मज़हर अहमद

मूल भाषा : उर्दू
लिप्यंतरण : देवनागरी (हिंदी)

ISBN : 978-93-91080-78-5

प्रथम संस्करण : 2021
पुनर्मुद्रण : 2021

फ़ॉन्ट : योगेश यूनि
मुद्रक : थॉमसन प्रेस (इंडिया) लिमिटेड

आवरण एवं पुस्तक सज्जा
सुरेश पंवार, रेख़्ता

सहयोग राशि : ₹ 199

MIX
Paper
FSC FSC® C010615

आ'शिक़ान-ए-यूसुफ़ी
के लिए

पेश गुफ़्तार

साहब-ए-तर्ज़[1] ज़राफ़त-निगार[2] मुश्ताक़ अहमद यूसुफ़ी की तादम-ए-तहरीर[3] पाँच मत्बूआ'त मन्ज़र-ए-आ'म[4] पर आई हैं। पहली किताब ब-उ'न्वान[5] "चराग़ तले" 1961 में शाए' हुई थी। दूसरी तख़्लीक़[6] "ख़ाकम-ब-दहन" तक़रीबन दस साल बा'द 1970 में ज़ेवर-ए-तब्अ'[7] से आरास्ता हुई। तीसरी किताब "ज़र गुज़श्त" के उ'न्वान से 1976 में इशाअ'त[8] के मराहिल[9] से गुज़री और चौथा शाहकार ब-उ'न्वान "आब-ए-गुम" 1990 में मन्ज़र-ए-आ'म पर आया या'नी तक़रीबन चौबीस साल क़ब्ल उनकी अब तक की आख़िरी किताब शाए' हुई और तब से ही उनकी अगली किताब का बेचैनी से इन्तिज़ार हो रहा है। ये अ'र्सा तवील बल्कि तवील-तर है। इस दौरान पाकिस्तान से चन्द ख़ुश-गवार ख़बरें भी मौसूल[10] होती रहीं। "आब-ए-गुम" के पेश लफ़्ज़ में यूसुफ़ी ने ये मुज़्दा सुनाया था कि इसी नौ' (आब-ए-गुम) के पाँच मज़ामीन और मौजूद हैं। उम्मीद थी कि ये मज़ामीन भी शीराज़ा-बन्दी[11] के मराहिल से गुज़रेंगे। मगर ब-वजूह[12] ऐसा न हो सका। फिर ख़बर आई कि एक नॉवेल तैयार है और उसे पब्लिशर के हवाले भी कर दिया गया है। बा'द अज़ाँ यूसुफ़ी इसे "पाल" में लगाने के लिए वापस ले आए। आ'शिक़ान-ए-यूसुफ़ी के इन्तिज़ार के लम्हे दिनों और महीनों से बरसों पर मुहीत हो गए। इस दौरान मुश्ताक़ अहमद यूसुफ़ी पर चन्द किताबें भी मन्ज़र-ए-आ'म पर आईं जिनमें राक़िम-उल-हुरूफ़[13] की किताब (साहब-ए-तर्ज़ ज़राफ़त-निगार मुश्ताक़ अहमद यूसुफ़ी) के अ'लावा डाक्टर मुहम्मद ताहिर और तारिक़ हबीब की काविशों[14] की सताइश[15] भी हुई, मगर यूसुफ़ी की तख़्लीक़ी सौग़ात का इन्तिज़ार

---

1 निराले अन्दाज़ का लेखक 2 हास्य-लेखक 3 लिखने के समय तक 4 सबके सामने 5 शीर्षक के साथ 6 रचना 7 प्रकाशन 8 प्रकाशन 9 पड़ावों 10 प्राप्त 11 प्रकाशन 12 फिर भी 13 इस लेख के लेखक स्वयं 14 प्रयासों 15 प्रशंसा

तवील से तवील-तर होता गया और ये सिलसिला अब भी जारी है।

मुश्ताक़ अहमद यूसुफ़ी की पाँचवीं और आख़िरी किताब "शाम-ए-शे'र-ए-याराँ" 2014 में लाहौर से छप कर मन्ज़र-ए-आ'म पर आई। ये किताब 21 मज़ामीन[1] पर मुश्तमिल[2] है। इनमें से अकसर किसी तक़रीब में पढ़े गए वो मज़ामीन हैं जिन्हें ख़ुत्ब:-ए-सदारत[3] या कलीदी[4] ख़ुत्बे[5] के ज़ैल[6] में रखा जा सकता है। अपनी फ़ित्रत के मुताबिक़ मुश्ताक़ अहमद यूसुफ़ी इन मज़ामीन की इशाअ'त के हक़ में नहीं थे। मगर अपने आशिक़ीन के हाथों बेबस हो गए। इन मज़ामीन की जुम्ला[7] ख़ुसूसियात[8] में से एक अहम ख़ुसूसियत[9] ये है कि इनमें से कई मज़ामीन को कामयाब ख़ाकों के ज़ुमरे[10] में रखा जा सकता है। अक़्वाल-ए-यूसुफ़ी[11] का सिलसिला यहाँ भी जारी-ओ-सारी[12] है। चुनान्चे किताब में इन्हें भी शामिल कर लिया गया है।

इन्तिहाई[13] मसर्रत[14] का मक़ाम है कि हर ख़ास-ओ-आ'म में इस किताब की पज़ीराई[15] हुई। चुनान्चे इसकी हर दिल-अ'ज़ीज़ी के पेश-ए-नज़र रेख़्ता फ़ाउन्डेशन ने इसे हिन्दी के क़ालिब[16] में ढालने की ख़्वाहिश ज़ाहिर की। इस तअ'ल्लुक़ से मैं रेख़्ता फ़ाउन्डेशन के अराकीन[17] का ममनून[18] हूँ कि उन्होंने मेरी इस अदबी काविश को न सिर्फ़ यह कि सराहा बल्कि हिन्दी के बा-ज़ौक़[19] क़ारिईन[20] के रू-ब-रू[21] पेश किया।

मज़हर अहमद

2021

---

1 लेखों 2 आधारित 3 अध्यक्षीय भाषण 4 मुख्य 5 भाषण 6 श्रेणी 7 कुल 8 विशेषताएँ 9 विशेषता 10 श्रेणी 11 यूसुफ़ी के उद्धरण 12 प्रवाहमय 13 अत्यधिक 14 प्रसन्नता 15 स्वीकार करना 16 साँचा 17 सदस्यों 18 आभारी 19 सुधी 20 पाठकों 21 समक्ष

अक़्वाल

तन्ज़[1]-ओ-मज़ाह[2]

वार ज़रा ओछा पड़े या बस एक रिवायती[3] आँच की कसर रह जाए तो लोग उसे बिल-उ'लूम[4] तन्ज़ से ता'बीर[5] करते हैं, मज़ाह हाथ आए तो बुत, हाथ न आए तो ख़ुदा। (चराग़ तले)

1 व्यंग्य और हास्य 3 प्रतीकात्मक 4 प्राय: 5 समझना

सादा-ओ-पुरकार[1] तन्ज़ है बड़ी जान जोखों[2] का काम। बड़े-बड़ों के जी छूट जाते हैं। अच्छे तन्ज़-निगार[3] तने हुए रस्से पर इतरा इतरा कर कर्तब नहीं दिखाते बल्कि रक़्स[4] ये लोग किया करते हैं तलवारों पर। (चराग़ तले)

1 रंगीन और चतुर 2 जोखिम 3 व्यंग्यकार 4 नृत्य

अ'मल-ए-मज़ाह[1] अपने लहू की आग में तप कर निखरने का नाम है। लकड़ी जल कर कोयला बन जाती है और कोयला राख। लेकिन अगर कोयले के अन्दर की आग बाहर की आग से तेज़ हो तो फिर वो राख नहीं बनता, हीरा बन जाता है। (चराग़ तले)

1 व्यंग्य का काम

हँसने की आज़ादी फ़ी-नफ़सिही[1] तक़रीर[2] की आज़ादी से कहीं ज़ियादा मुक़द्दम-ओ-मुक़द्दस[3] है। मेरा अ'क़ीदा[4] है कि जो क़ौम अपने आप पर जी खोल कर हँस सकती है वो कभी ग़ुलाम नहीं हो सकती। (चराग़ तले)

1 अपने आप में 2 बोलना 3 श्रेष्ठ और पवित्र 4 आस्था

इख़्तिसार[1] ज़राफ़त[2] और ज़नाना लिबास की जान है। (चराग़ तले)

1 संक्षेप 2 हास्य-व्यंग्य

मज़ाह-निगार[1] के लिए नसीहत[2], फ़ज़ीहत[3] और फ़हमाइश[4] हराम[5] हैं। वो अपने और तल्ख़[6] हक़ायक़[7] के दर्मियान[8] एक कद-ए-आदम[9] दीवार-ए-क़हक़हा[10] खड़ी कर लेता है। वो अपना रू-ए-ख़न्दाँ[11] सूरज-मुखी फूल की मानिन्द[12], हमेशा सर-चश्मः-ए-नूर[13] की जानिब[14] रखता है और जब उसका सूरज डूब जाता है तो अपना रुख़[15] उस सम्त[16] कर लेता है, जिधर से वो फिर तुलूअ'[17] होगा। (ख़ाकम-ब-दहन)

1 व्यंग्यकार 2 उपदेश 3 अपमान 4 चेतावनी-पूर्ण परामर्श 5 निषेध 6 कड़वी 7 सच्चाईयाँ 8 बीच 9 आदमी के क़द का 10 अट्टहास 11 हँसता चेहरा 12 तरह 13 रौशनी का उद्गम 14 ओर 15 चेहरा 16 दिशा में 17 उदय

हिस्स-ए-मज़ाह[1] ही दर-अस्ल इन्सान की छठी हिस[2] है। ये हो तो इन्सान हर मक़ाम से ब-आसानी गुज़र जाता है। (ख़ाकम-ब-दहन)

1 विनोदप्रियता 2 अतींद्रिय ज्ञान

मज़ाह, मज़हब और अल्कोहल हर चीज़ में ब-आसानी हल हो जाते हैं। (ख़ाकम-ब-दहन)

मज़ाह-निगार[1] उस वक़्त तक तबस्सुम-ए-ज़ेर-ए-लब[2] का सज़ावार[3] नही, जब तक उसने दुनिया और अह्ल-ए-दुनिया[4] से रज के प्यार न किया हो। (ख़ाकम-ब-दहन)

1 व्यंग्यकार 2 मन्द मुस्कान 3 योग्य 4 दुनिया वाले

ता'न-ओ-तश्नीअ'[1] से अगर दूसरों की इस्लाह[2] हो जाती तो बारूद ईजाद[3] करने की ज़रूरत पेश न आती। (ख़ाकम-ब-दहन)

1 व्यंग्य और कटाक्ष 2 सुधार 3 आविष्कार

मज़ाह-निगार को जो कुछ कहना होता है वो हँसी-हँसी में इस तरह कह जाता है कि सुनने वाले को भी बहुत बा'द में ख़बर होती है। मैंने कभी किसी पुख़्ताकार[1] मौलवी या मज़ाह-निगार को महज़ तक़रीर-ओ-तहरीर[2] की पादाश[3] में जेल जाते नहीं देखा। (ज़र गुज़श्त)

1 परिपक्व 2 बोलना और लिखना 3 सज़ा

मज़ाह की मीठी मार भी शोख़[1] आँख, पुरकार[2] औ'रत और दिलेर के वार की तरह कभी ख़ाली नहीं जाती । (ज़र गुज़श्त)

1 चंचल 2 चतुर

क़हक़हों[1] से क़िलों' की दीवारें शक़[2] नहीं हुआ करतीं। चटनी और अचार लाख चटख़ारेदार सही, लेकिन उनसे भूके का पेट नहीं भरा जा सकता न सराब[3] से मुसाफ़िर की प्यास बुझती है। हाँ, रेगिस्तान के शदाएद[4] कम हो जाते हैं। (ज़र गुज़श्त)

1 अट्टहासों 2 दरार पड़ना 3 मृगतृष्णा 4 कष्ट

मावरा-ए-तबस्सुम[1], वो एहतिज़ाज़[2] और मज़ाह जो सच्चाई और दानाई[3] से आ'री[4] है, दरीदा-दहनी,[5] फक्कड़पन और ठिठोल से ज़ियादा हैसियत नहीं रखता। ज़र,[6] ज़न,[7] ज़मीन और ज़बान की दुनिया यक-रुख़ों,[8] यक-चश्मों[9] की दुनिया है। मगर तितली की सैंकड़ों आँखें होती हैं और वो

इन सबकी मज्मूई'[10] मदद से देखती है। शगुफ़्ता-निगार[11] भी अपने पूरे वुजूद से सब कुछ देखता, सुनता, सहता और सहारता चला जाता है और फ़ज़ा[12] में अपने सारे रंग बिखेर के किसी नए उफ़ुक़[13] किसी और शफ़क़[14] की तलाश में गुम हो जाता है। (ज़र-गुज़श्त)

1 मुस्कान के बिना 2 आनंद 3 बुद्धिमत्ता 4 वंचित 5 अशिष्टता 6 दौलत 7 औ'रत 8 एक ही पक्ष देखने वालों 9 एक आँख वालों 10 समग्र 11 प्रफुल्लित लेखन वाला 12 वातावरण 13 क्षितिज 14 लालिमा

क़दीम[1] ज़माने में चीन में ये दस्तूर[2] था कि जिस शख़्स[3] का मज़ाक़ उड़ाना मक़्सूद[4] होता, उस की नाक पर सफ़ेदी पोत देते थे। फिर वो दुखिया कितनी भी गंभीर बात कहता, क्लाउन ही लगता था। कम-ओ-बेश[5] यही हश्र मज़ाह-निगार का होता है। (आब-ए-गुम)

1 प्राचीन 2 चलन 3 व्यक्ति 4 उद्देश्य 5 कम या अधिक

क़ुनूतियत[1] ग़ालिबन[2] मज़ाह-निगारों का मुक़द्दर है। (आब-ए-गुम)

1 निराशावाद 2 शायद

मज़ाह को मैं दिफ़ाई'[1] मैकेनिज़्म समझता हूँ। ये तल्वार नहीं, ऐसे शख़्स का ज़िरह-बक्तर[2] है जो शदीद[3] ज़ख़्मी होने के बा'द उसे पहन लेता है।

(आब-ए-गुम)

1 रक्षात्मक 2 सुरक्षा-कवच 3 बुरी तरह

अदब

शिब्ली ने उ'म्र-ए-तबई'[1] के ख़िलाफ़ जिहाद करके साबित कर दिया कि इ'श्क़ अ'तिय्य:-ए-क़ुदरत[2] है। (चराग़ तले)

1 प्राकृतिक जीवनकाल 2 ईश्वर की देन

वो (अख़्तर शीरानी) वस्ल[1] की इस तौर पर फ़र्माइश करता है गोया[2] बच्चा टॉफ़ी माँग रहा है। (ख़ाकम-ब-दहन)

1 प्रेमिका से मिलन 2 जैसे

इस ज़ालिम (होश ख़लीजाबा'दी) के तक़ाज़ा-ए-वस्ल[1] के ये तेवर हैं गोया कोई पठान डाँट-डाँट कर डूबी हुई रक़म वसूल कर रहा है।

(ख़ाकम-ब-दहन)

1 प्रणय निवेदन

कलाम-ए-ग़ालिब की सबसे बड़ी मुश्किल उस की शर्हें[1] हैं, वो न हों तो ग़ालिब का समझना चन्दाँ[2] मुश्किल नहीं। (आब-ए-गुम)

1 व्याख्याएँ 2 ज़रा भी

दुनिया में ग़ालिब वाहिद[1] शाइ'र है जो समझ में न आए तो दोगुना मज़ा देता है। (आब-ए-गुम)

1 अकेला

आज़ाद शाइ'री[1] की मिसाल ऐसी है जैसे बग़ैर नेट के टेनिस खेलना।

(आब-ए-गुम)

1 मुक्त छंद

आग़ा हश्र के मुकालमे[1] हुज्ल:-ए-उरूसी[2] में भी ख़वद और ज़िरह[3]-बक्तर[4] पहने, बरहना[5] तल्वार लहराते दाख़िल[6] होते हैं जबकि मैदान-ए-जंग में उनका हर क़दम नक़्क़ारे[7] पर पड़ता है। (आब-ए-गुम)

1 संवाद 2 दुल्हन का कमरा 3,4 सुरक्षा-कवच 5 नंगा, नंगी 6 आना 7 नगाड़ा

हमारे ख़याल में आदमी को आदमी ढोने की इजाज़त सिर्फ दो सूरतों[1] में मिलनी चाहिए, अव्वल[2] उस मौक़े' पर जब दोनों में से एक वफ़ात[3] पा चुका हो। दूसरे उस सूरत में जब दोनों में से एक उर्दू नक़्क़ाद[4] हो जिस पर मुर्दे ढोना फ़र्ज़ ही नहीं ज़रीय:-ए'-मआ'श[5] और वज्ह-ए-शोहरत[6] भी हो। (आब-ए-गुम)

1 परिस्थितियों 2 प्रथम 3 मरना 4 आलोचक 5 जीविका का साधन 6 प्रसिद्धि का कारण

कलाम-ए-दाग़, आस्मान-ए-फ़साहत[1] से उतरा, कोठे पे अटका, वहाँ से फिसला तो कूल्हे पे आके मटका। (आब-ए-गुम)

1 सरल, सुंदर भाषा का प्रयोग

शे'र कितना ही लग़्व[1] और कमज़ोर क्यों न हो, उसे ब-क़लम-ख़ुद[2] काटना और हज़्फ़[3] करना इतना ही मुश्किल है जितना अपनी औलाद को बदसूरत कहना या ज़म्बूर[4] से अपना हिलता हुआ दाँत ख़ुद उखाड़ना।

(आब-ए-गुम)

1 निरर्थक, बेकार 2 ख़ुद अपने क़लम से 3 निकालना 4 चिमटा

हक़ीक़त-निगारी[1] के पर्दे में जितनी दाद तवाइफ़ को उर्दू फ़िक्शन लिखने वालों से मिली उतनी अपने शबीना[2] गाहकों से भी न मिली होगी।

(आब-ए-गुम)

1 यथार्थवादी लेखन 2 रात के

औ'रत

सब्ज़-ब-सब्ज़[1] ताज़ा-ताज़ा और करारे करंसी नोटों का इ'त्र निकाल कर मुलाज़िमत-पेशा[2] हज़रात[3] और उनकी बीवियों को महीने की आख़िरी तारीख़ों को सुंघाया जाए तो गृहस्त ज़िन्दगी जन्नत का नमूना बन जाए।

(चराग़ तले)

1 हरे-हरे 2 नौकरी-पेशा 3 व्यक्तियों

बीवी को पेरिस ढो कर ले जाना ऐसा ही है जैसे कोई ऐवरेस्ट सर[1] करने निकले और थर्मस में घर से बर्फ़ की डली रख कर ले जाए।

(ख़ाकम-ब-दहन)

1 जीतने

मर्द की आँख और औ'रत की ज़बान का दम सबसे आख़िर में निकलता है। (ख़ाकम-ब-दहन)

पहाड़ और अधेड़ औ'रत दर-अस्ल ऑयल पेंटिंग की तरह होते हैं। इन्हें ज़रा फ़ास्ले से देखना चाहिए। (ख़ाकम-ब-दहन)

35 तक पहुँचते पहुँचते औ'रत मिस्री SPHINX (अबुल-हौल) हो जाती है। चेहरा औ'रत का और धड़ वग़ैरा शे'र-ए-बब्बर का। (ज़र-गुज़श्त)

तंग-दस्ती[1] न हो तो तन्दुरुस्त आदमी की तमन्ना का दूसरा क़दम

गृहस्ती की हुदूद[2] के बाहर पड़ता है। (ज़र-गुज़श्त)

1 निर्धनता 2 सीमाएँ

औ'रत की एड़ी हटाओ तो उस के नीचे से किसी न किसी मर्द की नाक ज़रूर निकलेगी। (ज़र-गुज़श्त)

घोड़े और औ'रत की ज़ात[1] का अन्दाज़ा[2] उसकी लात और बात से किया जाता है। (चराग़ तले)

1 वंश, व्यक्तित्व 2 अनुमान

दर-अस्ल गृहस्ती ज़िन्दगी की आब-ओ-हवा[1] ही ऐसी मो'तदिल[2] है कि मौलसिरी का फूल दो तीन साल में गोभी का फूल बन जाए तो अ'जब नहीं। (चराग़ तले)

1 जलवायु 2 संतुलित

क्लियोपात्रा के नाज़ुक-अन्दाम[1] होने का राज़ ये है कि वो नहार-मुँह[2] मिस्री, तरबूज़ का पानी और रइ'य्यत[3] का ख़ून पीती थी। (चराग़ तले)

1 कोमल-शरीर 2 सुब्ह ख़ाली पेट 3 प्रजा

मलिका मुमताज़ महल और ताज-महल की ख़ूबसूरती का राज़ एक ही है - सफ़ेद रंग। (चराग़ तले)

मर्द की पसन्द वो पुल-सिरात[1] है जिस पर कोई मोटी औ'रत नहीं चल

सकती। (चराग़ तले)

1 इस्लामी मान्यताओं के अनुसार वह पुल जिससे नेक लोग क़यामत के दिन आसानी से गुज़रेंगे

यूरोप की और हमारी ख़वातीन[1] में बड़ा फ़र्क़[2] है। यूरोप में जो लड़की दूर से सत्तरह बरस की मा'लूम होती है वो क़रीब पहुँच कर सत्तर बरस की निकलती है और हमारे हाँ जो ख़ातून[3] दूर से सत्तर बरस की दिखाई पड़ती है वो नज़्दीक आने पर सत्तरह बरस की निकलती है ।

(ख़ाकम-ब-दहन)

1 महिलाओं 2 अंतर 3 महिला

गाने वाली की सूरत अच्छी हो तो मोहमल[1] शे'र का मत्लब भी समझ में आ जाता है । (ख़ाकम-ब-दहन)

1 निरर्थक

नॉस्टालजिया

अपने माज़ी[1] से शेफ़्तगी[2] रखने वालों की मिसाल एक ऐसी मख़्लूक़[3] की सी है जिसकी आँखें गुद्दी के पीछे लगी होती हैं। (चराग़ तले)

1 अतीत 2 अत्यधिक लगाव 3 प्राणी

अपना तो अ'क़ीदा[1] है कि जिसे माज़ी याद नहीं रहता उसकी ज़िन्दगी में शायद कभी कुछ हुआ ही नहीं, लेकिन जो अपने माज़ी को याद ही नहीं करना चाहता वो यक़ीनन[2] लोफ़र रहा होगा। (चराग़ तले)

1 आस्था 2 निश्चित तौर पर

जीना है तो फिसलते, सरसराते लम्हे[1] को दाँतों से पकड़ो, गुज़रते लम्हे को बे-झपक छाती से लगाओ कि इसकी नस-नस में माज़ी का नीम गर्म[2] ख़ून दौड़ रहा है। इसी की जीती जागती कोख से मुस्तक़बिल[3] जन्म लेगा और अपना छल बल दिखा कर आख़िर उसी की तरफ़ लौटेगा। (चराग़ तले)

1 पल 2 गुनगुना 3 भविष्य

जो क़ौम जितनी पसमान्दा,[1] दरमान्दा[2] और पस्त-हौस्ला[3] हो, उसको अपना माज़ी, मा'कूस इक़्लीदसी तनासुब[4] (Inverse geometrical ratio) में, उतना ही ज़ियादा दरख़्शाँ[5] और दोहराए जाने के लाइक़ नज़र आता है। (आब-ए-गुम)

1 पिछड़ा हुआ 2 थका-हारा 3 साहसहीन 4 विपरीत 5 ज्यामितीय अनुपात, रौशन

पीरी[1] में पुरानी ज़र्ब-उल-मसल[2] के मुताबिक़[3] सद[4] ऐ'ब[5] हों या न हों, एक ऐ'ब ज़रूर है जो सौ ऐ'बों पर भारी है और वो है नॉस्टालजिया।

(आब-ए-गुम)

1 बुढ़ापा 2 कहावत 3 अनुसार 4 सौ 5 बुराई

पीरी में माज़ी अपनी तमाम मोहलिक[1] रा'नाइयों[2] के साथ जाग उठता है।

(आब-ए-गुम)

1 घातक 2 सौन्दर्य

बूढ़े आदमी के हाल[1] की सबसे बड़ी ख़राबी उस का माज़ी होता है, जो भुलाए नहीं भूलता।

(आब-ए-गुम)

1 वर्तमान, हालत, अवस्था

जानवर

इन्सान कुत्ते का बेहतरीन रफ़ीक़[1] है। (चराग़ तले)

1 दोस्त

मुसलमान हमेशा से एक अ'मली[1] क़ौम रहे हैं और वो किसी ऐसे जानवर को मोहब्बत से नहीं पालते जिसे ज़ब्ह[2] करके खा न सकें। (चराग़ तले)

1 व्यावहारिक 2 गला काटना

आपने कभी ग़ौर किया कि दूसरे जानवरों के मुक़ाबले में मुर्ग़ की आवाज़, उसकी जसामत[1] के लिहाज़ से कम-अज़-कम[2] सौ गुना ज़ियादा होती है। मेरा ख़याल है कि अगर घोड़े की आवाज़ उसी मुनासबत[3] से बनाई गई होती तो तारीख़ी[4] जंगों में तोप चलाने की ज़रूरत पेश नहीं आती। (चराग़ तले)

1 डील-डौल 2 कम से कम 3 अनुपात 4 ऐतिहासिक

जिस घर में कुत्ता हो, उस घर में चोर ही नहीं, रहमत[1] के फ़रिश्ते भी दाख़िल नहीं हो सकते। (ख़ाकम-ब-दहन)

1 कृपा

हर वो जानवर जिसे मुसलमान खा सकते हैं, पाक है। (ख़ाकम-ब-दहन)

जो शख़्स कुत्ते से भी न डरे, मुझे उसकी वल्दियत[1] में शुब्हा है।

(ख़ाकम-ब-दहन)

1 अपने बाप की औलाद होना

कुत्ते में से अगर जबड़ा निकाल दिया जाए तो ख़ासा[1] मा'क़ूल[2] जानवर है।

(ख़ाकम-ब-दहन)

1 काफ़ी 2 ठीक-ठाक

बन्दर में हमें इसके अ'लावा[1] और कोई ऐ'ब[2] नज़र नहीं आता कि वो इन्सान का जद्द-ए-आ'ला[3] है।

(ज़र गुज़श्त)

1 अतिरिक्त 2 बुराई 3 पूर्वज

भोंकना कुत्ते का हक़[1] और दुम हिलाना उसका फ़र्ज़[2] है।

(ज़र गुज़श्त)

1 अधिकार 2 कर्तव्य

पालतू जानवर की चुप दसराथ और उसका प्यार कितना भरपूर होता है। इसका अन्दाज़ा उसी वक़्त होता है जब आदमी दुखी हो या तन्हा।

(ज़र गुज़श्त)

शेर को पिंजरे में क़ैद कर दो, तब भी शेर ही रहता है। गीदड़ को कछार में आज़ाद छोड़ दो और ज़ियादा गीदड़ हो जाएगा।

(आब-ए-गुम)

कव्वे पर कितने ही सदमे[1] गुज़र जाएँ, कितना ही बूढ़ा हो जाए, उसके पर-ओ-बाल[2] काले ही रहते हैं। (आब-ए-गुम)

1 दुख 2 पर

जानवरों में कुत्ता और घोड़ा इन्सान के सबसे पहले और पक्के रफ़ीक़[1] हैं, जिन्हों ने इस की ख़ातिर हमेशा के लिए जंगल छोड़ा। (आब-ए-गुम)

1 दोस्त, साथी

आक़ा[1] के सामने बे-इख़्तियार[2] हिलने वाली कुत्ते की दम पिछले जनम में किसी मुसाहिब[3] की ज़बान थी। कुत्ता इस काम के लिए अपनी ज़बान इस्तिमाल नहीं करता। (आब-ए-गुम)

1 स्वामी 2 बे-इरादा, अपने आप 3 दरबारी, चाटुकार

उ'म्र-ए-तबई'[1] तक तो सिर्फ कव्वे, कछुए, गिद्ध, गधे और वो जानवर पहुँचते हैं जिनको खाना शरअ'न[2] हराम[3] है। (आब-ए-गुम)

1 स्वभाविक उ'म्र 2 इस्लामी कानून की दृष्टि से 3 निषेध

घोड़े की टाँगों का इस्तिमाल सिर्फ़ दो सूरतों में जाइज़[1] है। अव्वल[2] मैदान-ए-जंग में दुश्मन पर तेज़ रफ़्तारी से हमला करने के लिए, दोम[3] हमला नाकाम हो तो मैदान-ए-जंग से दोगुनी तेज़-रफ़्तारी से भागने के लिए। (आब-ए-गुम)

1 मान्य 2 प्रथम 3 द्वितीय

कराची

अहल-ए-कराची[1] इस वल्लाहु-आ'लम-बिस्सवाब[2] क़िस्म के मौसम के इस क़दर आ'दी हो गए हैं कि अगर ये दो तीन घंटे तब्दील न हो तो वहशत[3] होने लगती है। (चराग़ तले)

1 कराची के लोग 2 ख़ुदा ही बेहतर जानता है 3 बेचैनी, घबराहट

बदलते हुए मौसम के इस गुन्जान[1] कारोबारी शहर में मछली और मेहमान पहले ही दिन बदबू देने लगते हैं। (चराग़ तले)

1 भीड़-भाड़ वाला

अगर कोई झूठों भी उड़ा दे कि लाहौर में ओले पड़े हैं तो ज़िन्दा-दिलान-ए-कराची[1] फ़ौरन सर मुंडा लेते हैं। (चराग़ तले)

1 कराची के विनोदप्रिय

सच तो ये है कि कराची में तबीअ'त के सिवा कोई चीज़ हरी नहीं होती। (चराग़ तले)

हमने तो सोचा था कराची छोटा सा जहन्नम[1] है, जहन्नम तो बड़ा सा कराची निकला। (आब-ए-गुम)

1 नर्क

कराची की हवा में इतनी रतूबत[1] और दिलों में इतनी रिक़्क़त[2] है कि खुले में हाथ फैला कर और आँखें मूंद कर खड़े हो जाओ तो पाँच मिनट में चुल्लू भर पानी और हथेली भर पैसे जमा हो जाएँगे और अगर छः मिनट तक हाथ फैलाए और आँखें मूँदे रहो तो पैसे ग़ायब हो जाऐंगे।

(आब-ए-गुम)

1 आर्द्रता 2 रूदन

यहाँ (कराची) बाल, साइलेन्सर और लच्छन क़ब्ल-अज़-वक़्त[1] झड़ जाते हैं।

(आब-ए-गुम)

1 समय से पहले

कराची की पाँच चीज़ों का कम-अज़-कम[1] इस दुनिया में तो जवाब नहीं, जड़ाऊ जेवरात[2], क़व्वाली, बिरयानी, गाली और ऊ'द[3] का इत्र।

(आब-ए-गुम)

1 कम से कम 2 गहने 3 एक ख़ुश्बूदार लकड़ी

कराची में उधार पर बिज़नेस[1] व्यापार करना ऐसा ही है जैसे क़िमाद (गन्ने) के खेत में कबड्डी खेलना। जितना बड़ा शहर होगा उतना ही बड़ा घपला और फड्डा होगा। जिसकी छत ज़ियादा बड़ी है उस पर बर्फ़ भी ज़ियादा गिरेगी।

(आब-ए-गुम)

आँख का नशा

सबसे बावला नशा आँख का नशा होता है और सबसे गंदा गुनाह आँख का गुनाह है। (आब-ए-गुम)

Solo Performance

हमारे यहाँ नाच-गाना, हुक्मरानी और मुशाइ'रा अकल-खुरे[1] फ़न हैं। उनका सारा मज़ा और बुनियाद ही Solo Performance पर है। इसीलिए सियासत[2] में ना'रे और जुलूस और मुशाइ'रे में दाद और हूटिंग हमारी ज़रूरत, रिवायत[3] और सेफ़्टी-वॉल्व बन गए। (आब-ए-गुम)

1 रूखे 2 राजनीति 3 परंपरा

तिब और तवाइफ़

तिब[1] और तवाइफ़ हमारे यहाँ बद-क़िस्मती से लाज़िम-ओ-मलज़ूम[2]।

(आब-ए-गुम)

1 चिकित्सक 2 एक दूसरे के पूरक

ज़िक्र-ए-गुनाह

ज़िक्र[1]-ए-गुनाह, अ'मल[2]-ए-गुनाह से कहीं ज़ियादा लज़ीज़[3] हो सकता है बशर्ते कि तवील[4] हो और रावी[5] जिस्मानी[6] और मा'नवी[7] दोनों लिहाज़ से ज़ईफ़[8] हो। (आब-ए-गुम)

1 चर्चा 2 क्रिया, काम 3 स्वादिष्ट 4 लम्बा 5 बयान करने वाला 6 शारीरिक 7 भावात्मक 8 बूढ़ा, कमज़ोर

गुफ़्तुगू[1] की बुनियाद

हमारी गायकी की बुनियाद तब्ले पर है, गुफ़्तगू की बुनियाद गाली पर।

(आब-ए-गुम)

1 बातचीत

अजनबी

गाँव में अजनबी की आमद[1] का ऐ'लान कुत्ते, मोर और बच्चे करते हैं। इसके बा'द वो सारे गाँव और हर घर का मेहमान बन जाता है।

(आब-ए-गुम)

1 आगमन

ठाठ

कभी अपने किसी बुज़ुर्ग या बॉस या अपने से कम बद-मआ'श आदमी की इस्लाह[1] करने की कोशिश न करना। उन्हें ग़लत राह पर देखो तो तीन दाना[2] बन्दरों की तरह अंधे, बहरे और गूँगे बन जाओ। ठाठ करोगे।

(आब-ए-गुम)

1 सुधार 2 बुद्धिमान

दरोग़-ए-मस्लहत-आमेज़

तमाम उ'म्र दरोग़-ए-मस्लहत-आमेज़[1] के साथ हँसी ख़ुशी गुज़ारा करने के बा'द क़ब्र में पहुँच कर और कफ़न फाड़ कर सच बोलने और मुंह चिढ़ाने की कोशिश करना मर्दों ही को नहीं मुर्दों को भी ज़ेब[2] नहीं देता।

(आब-ए-गुम)

1 स्वार्थ-सिद्धि के लिए बोला गया झूट 2 शोभा

लम्हे की सच्चाई

हर लम्हे की अपनी सच्चाई और अपनी सलीब[1] और अपना ताज होता है। इस सच्चाई का ऐ'लान-ओ-इब्लाग़[2] भी सिर्फ़ उसी और सिर्फ़ उसी लम्हे वाजिब[3] होता है। सो जो चुप रहा उसने उस लम्हे से और अपने आप से कैसी दग़ा[4] की। (आब-ए-गुम)

1 सूली 2 घोषणा और संप्रेषण 3 अनिवार्य, उचित 4 धोखा

आस्मान

जिस आस्मान पर कबूतर, शफ़क़[1], पतंग और सितारे न हों ऐसे आस्मान की तरफ़ नज़र उठा के देखने को जी नहीं चाहता। (आब-ए-गुम)

1 लालिमा

शौक़ की पहचान

सच्चे शौक़ और हॉबी की पहचान ये है कि बिल्कुल फ़ुज़ूल[1] और बे-मसरफ़[2] हो। (आब-ए-गुम)

1 बेकार 2 अनुपयोगी

टूटी लाठी

हज़ार लाठी टूटी हो, फिर भी घर भर के बर्तन बासन तोड़ने को बहुत है। (आब-ए-गुम)

बे-हिस[1] और निकम्मा

जब आदमी अपने काम पर फ़ख़्र[2] करना छोड़ दे तो वो बहुत जल्द बे-हिस और निकम्मा हो जाता है। फिर वो अपने काम को भी सच-मुच

ज़लील[3] और घटिया बना देता है। (आब-ए-गुम)

1 भावना-शून्य 2 गर्व 3 अपमानित

मर्द का नाबीना होना

मोहब्बत अंधी होती है। चुनान्चे औ'रत के लिए ख़ूबसूरत होना ज़रूरी नहीं, बस मर्द का नाबीना[1] होना काफ़ी है। (आब-ए-गुम)

1 अंधा

नखालिस क़िस्म

बे-सबब दुश्मनी और बदसूरत औ'रत से इ'श्क़ हक़ीक़त में दुश्मनी और इ'श्क़ की सबसे नख़ालिस[1] क़िस्म है। किस वास्ते कि ये शुरू' ही वहाँ से होवें हैं जहाँ अ'क़्ल ख़त्म हो जावे है। (आब-ए-गुम)

1 अशुद्ध, मिलावटी

आस्मानी

मुसलमान लड़के हिसाब में फ़ेल होने को अपने मुसलमान होने की आस्मानी दलील[1] समझते हैं। (आब-ए-गुम)

1 तर्क

गिनती के साँस

बा'ज़[1] साधुओं और जोगियों का अ'क़ीदा[2] है कि हर इन्सान के मुक़द्दर में भगवान ने गिनती के साँस लिखे हैं। चुनाँचे बेशतर[3] वक़्त साँस रोके बैठे रहते हैं ताकि ज़िन्दगी ब-क़दर-ए-हब्स-ए-दम[4] लम्बी हो जाए। तौअ'न-ओ-क़रहन[5] गंडेदार साँस फ़क़त[6] इसलिए ले लेते हैं कि उसे

रोक सकें। (आब-ए-गुम)

1 कुछ 2 आस्था 3 अधिकतर 4 साँस रोकने की अवधि जितना 5 न चाहते हुए भी 6 केवल

अच्छा उस्ताद

अच्छे उस्ताद के अन्दर एक बच्चा बैठा होता है जो हाथ उठा उठा कर और सर हिला हिला कर बताता जाता है कि बात समझ में आई कि नहीं। (आब-ए-गुम)

प्रोफ़ेसर

अपने यहाँ जो लड़के पढ़ाई में फिसड्डी होते हैं वो फ़ौज में चले जाते हैं और जो फ़ौज के लिए Medically unfit होते हैं वह कॉलेजों में प्रोफ़ेसर बन जाते हैं। (आब-ए-गुम)

नज़र का मोल

मशरिक़[1] की हज़ारों साल पुरानी रीत है कि पानी, नसीहत[2] और ता'लीम[3] का पैसा नहीं लिया जाता, पैसा ले लो तो ये अंग नहीं लगते और अन्जाम-ए-कार पैसा भी नहीं बचता। आज तक ऐसा नहीं हुआ कि मुआ'वज़ा[4] दे कर हासिल किए हुए इ'ल्म[5] से कोई रुहानी तब्दीली[6] आई हो। सच्ची तब्दीली सिर्फ़ किसी की नज़र से आती है और नज़र का कोई मोल नहीं। (आब-ए-गुम)

1 पूरब 2 उपदेश 3 शिक्षा 4 फलस्वरूप 5 ज्ञान 6 परिवर्तन

गधे की सवारी

सवारी से नफ़्स[1] मोटा होता है, सिवाए गधे की सवारी के, इसीलिए बनी

इसराईल के पैग़म्बरों ने गधे की सवारी की है। (आब-ए-गुम)

1 अहंकार

वक़्त

फ़ास्ले[1] को गज़ से नहीं, वक़्त[2] से नापना चाहिए। (आब-ए-गुम)

1 दूरी 2 समय

नर-और-मादा

परिन्दों, छिपकलियों, मछलियों, Punks और उर्दू अल्फ़ाज़ में नर-ओ-मादा[1] की तमीज़[2] करना इन्सान के बस का काम नहीं । (आब-ए-गुम)

1 स्त्रीलिंग और पुल्लिंग 2 अंतर

बुड्ढे

अपने हम-उ'म्र[1] बुड्ढों से महज़[2] हाथ मिलाने से आदमी की ज़िन्दगी हर मुसाफ़हे[3] के बा'द एक साल घट जाती है। (आब-ए-गुम)

1 एक उ'म्र वाले 2 केवल 3 हाथ मिलाना

कला का सुहाग

हर पहाड़ को कोई न कोई तीश:[1]-बर्दार फ़र्हाद मिल जाता है। कला का सुहाग भी कभी उजड़ा है? इसकी माँग तो सदा सिंदूर और सितारों से भरी रहेगी। (आब-ए-गुम)

1 पत्थर काटने का औज़ार रखने वाला

अफ़ोर्ड

आप राशी,[1] ज़ानी[2] और शराबी को हमेशा ख़ुश-अख़्लाक़,[3] मिलनसार और मीठा पाएँगे। इस वास्ते कि वो नख़्वत[4], सख़्त-गीरी[5] और बद-मिज़ाजी[6] अफ़ोर्ड ही नहीं कर सकता। (आब-ए-गुम)

1 घूसख़ोर 2 व्यभिचारी 3 सुशील 4 अहंकार 5 कठोरता 6 बुरा स्वभाव

मादरी ज़बान

गाली, गिनती, सरगोशी[1] और गन्दा लतीफ़ा[2] तो अपनी मादरी-ज़बान[3] में ही मज़ा देता है। (आब-ए-गुम)

1 खुसर-फुसर 2 चुटकुला 3 मातृ-भाषा

मिडिल क्लास ग़रीबी

मिडिल क्लास ग़रीबी की सबसे क़ाबिल-ए-रहम[1] और ला-इ'लाज क़िस्म वो है जिसमें आदमी के पास कुछ न हो लेकिन उसे किसी चीज़ की कमी महसूस न हो। (आब-ए-गुम)

1 दया योग्य

हारा हुआ मुर्ग़ा

हारा हुआ मुर्ग़ा खाने से आदमी इतना बोदा[1] हो जाता है कि हुकूमत[2] की हर बात दुरुस्त[3] मा'लूम होने लगती है। (आब-ए-गुम)

1 मूर्ख, कायर 2 सरकार, शासन 3 ठीक

बीता समय

अस्ल रोना जुग़राफ़िया[1] का नहीं जवानी और बीते समय का है जो आब-

ए-हयात-ए-इमरोज़[2] में ज़ह्र घोल देता है। (आब-ए-गुम)

1 भूगोल 2 वर्तमान का अमृत

बारह-सिंगा

बारह-सिंगा माँ के पेट से सींगों के झाड़ समेत पैदा नहीं होता।

(आब-ए-गुम)

सचार

इतरा इतरा के लिखने वाले को लिखार और खुल खेलने वाली को खिलाड़ कहते हैं। बिल्कुल इसी तरह बात बे-बात सच बोलने वाले को सिंधी में 'सचार' कहते हैं। (आब-ए-गुम)

एड़ी में आँखें

जवान लड़की की एड़ी में भी आँखें होती हैं। वो चलती है तो उसे पता होता है कि पीछे कौन कैसी नज़रों से देख रहा है। (आब-ए-गुम)

दुश्मनी और इन्तिक़ाम

दुश्मनी और इन्तिक़ाम[1] के बग़ैर मर्द की ज़िन्दगी बे-मक़्सद[2] ला-हासिल[3] और मोहमल[4] हो कर रह जाती है। (आब-ए-गुम)

1 प्रतिशोध 2 उद्देश्यहीन 3 व्यर्थ 4 निरर्थक

जंगल की ख़ुश्बू

जिस आदमी को जंगल की ख़ुश्बू आती और भाती रहे वो कभी किसी की ग़ुलामी और महकूमी[1] क़बूल नहीं करेगा। (आब-ए-गुम)

1 दासता

लफ़्ज़ों की जंग

लफ़्ज़ों की जंग में फ़त्ह[1] किसी भी फ़रीक़[2] की हो शहीद सिर्फ़ सच्चाई होती है। (आब-ए-गुम)

1 विजय 2 पक्ष

दिल पर लिखा

ख़ुद ज़िन्दगी जो कुछ दिखाती, सिखाती और पढ़ाती है वो सीधा दिल पर रक़म[1] होता है। (आब-ए-गुम)

1 उल्लेखित

झुंझलाहट

ख़्वारी[1] का अस्ल सबब[2] समझ में आ जाए तो झुंझलाहट जाती रहती है। फिर इन्सान को चुप लग जाती है। (आब-ए-गुम)

1 अपमान 2 कारण

ओछी पूँजी, मनहूस सवारी

ओछी पूँजी व्यापारी को और मनहूस[1] सवारी मालिक को खा जाती है। (आब-ए-गुम)

1 अशुभ

नज़्र नज़राना

कभी इन्कम टैक्स ऑफ़िसर, पुलिस, जवान जोरू और पीर-फ़क़ीर के पास जाओ तो सोल्जर की माफ़िक खाली हाथ हिलाते, डबल मार्च करते नहीं जाओ, हमेशा कोई डाली, कुछ माल पानी, कुछ नज़्र[1] नज़राना ले

के जाओ। (आब-ए-गुम)

1 भेंट, उपहार

रिवर्स गियर

शेर, हवाई जहाज़, गोली, ट्रक और पठान, रिवर्स गियर में चल ही नहीं सकते। (आब-ए-गुम)

ग़रज़-मन्द

ग़रज़-मन्द[1] सिर्फ़ आईने का मुँह चिढ़ा सकता है। (आब-ए-गुम)

1 ज़रूरतमन्द

जवान जोरू

आँखों गूडों में पानी उतर आए तो मा'जून और चंपी मालिश कारगर नहीं होती। फिर तो लाठी बैसाखी चाहिए या जवान जोरू। (आब-ए-गुम)

बावन गज़ का मीनार

हमने बावन गज़ गहरे ऐसे अंधे कुएँ भी देखे हैं जो समझते हैं कि वो ख़ुद को औंधा दें या'नी सर के बल उल्टे खड़े हो जाएँ तो बावन गज़ का मीनार बन जाएँगे। (आब-ए-गुम)

डाक्टरों का हिस्सा

प्राइवेट अस्पताल और क्लीनिक में मरने का सबसे बड़ा फ़ायदा ये है कि मर्हूम[1] की जायदाद, जमा जत्था और बैंक बैलेंस के बटवारे पर पस-

मान्दगान[2] में ख़ून-ख़राबा नहीं होता क्योंकि वो सब डाक्टरों के हिस्से में आ जाते हैं। (आब-ए-गुम)

1 मृतक के परिवार वाले

दख़्ल

एक उ'म्र ऐसी आती है जब इन्सान दूसरों के कामों में दख़्ल[1] देने ही को अपना अ'मल[2] शुमार करने लगता है। (आब-ए-गुम)

1 हस्तक्षेप 2 काम, कर्म

सच

फ़ी-ज़माना[1] सौ फ़ीसद[2] सच बोल कर ज़िन्दगी करना ऐसा ही है जैसे बजरी मिलाए बग़ैर, सिर्फ सीमेंट से मकान बनाना। (आब-ए-गुम)

1 वर्तमान समय में 2 प्रतिशत

ज़लील-ओ-ख़्वार

सच बोल कर ज़लील-ओ-ख़्वार[1] होने की बनिस्बत[2] झूठ बोल कर ज़लील-ओ-ख़्वार होना बेहतर है। आदमी को कम-अज़-कम[3] सब्र[4] तो आ जाता है कि किस बात की सज़ा मिल रही है। (आब-ए-गुम)

1 अपमानित 2 तुलना में 3 कम से कम 4 धैर्य

शाहों का नाला

शाहों का नाला[1] पाबन्द-ए-लय[2] ही नहीं, पाबन्द-ए-नय[3] भी नहीं होता।

(आब-ए-गुम)

1 फ़र्याद, रोना 2 सुर में होना 3 बाँसुरी पर आधारित

लुक़्म:-ए-तर

भाई मेरे! बख़्शता कोई नहीं, हम सब एक दूसरे का आजूका[1] हैं। बड़े जतन से एक दूसरे को चीरते फाड़ते हैं तब नज़र आती है इक लुक़्म:-ए-तर[2] की सूरत। (आब-ए-गुम)

1 जीविका, भोजन 2 स्वादिष्ट भोजन, घूस में मिली चीज़ें

दुल्हन और जानवर

शरीफ़ घरानों में आई हुई दुल्हन और जानवर तो मर कर ही निकलते हैं। (आब-ए-गुम)

बे-तौक़ीर

सुबकी,[1] बे-वक़्री[2] और ज़िल्लत[3] की सबसे ज़लील[4] सूरत ये है कि आदमी ख़ुद अपनी नज़र में बे-वक़्अ'त-ओ-बे-तौक़ीर[5] हो जाए। (आब-ए-गुम)

1 बेइज़्ज़ती 2,3 अपमान 4 अपमानित 5 तुच्छ और असम्मानित

अ'क़्ल में फ़ुतूर

जब शेर और बकरी एक ही घाट पानी पीने लगें तो समझ लो कि शेर की निय्यत और बकरी की अ'क़्ल में फ़ुतूर[1] है। (आब-ए-गुम)

1 विकार, दोष

डिमॉरलाइज़

जब ग़यूर[1] और बा-उसूल[2] आदमी हत्तल-मक़्दूर[3] धक्के खाने के बा'द 'डिमॉरलाइज़' हो कर कामयाब लोगों के हथकंडे अपनाने की भोंडी

कोशिश करता है तो रही सही बात और बिगड़ जाती है। (आब-ए-गुम)

1 स्वाभिमानी 2 नियम-सिद्धांत मानने वाला 3 यथाशक्ति

घोड़ा

जो शख़्स घोड़े पर नहीं बैठता वो कभी सैर-चश्म[1], ग़यूर और शेर-दिलेर नहीं हो सकता। (आब-ए-गुम)

1 संतुष्ट

पैसे

जिस दिन बच्चे की जेब से फ़ुज़ूल[1] चीज़ों के बजाए पैसे बरामद[2] हों तो समझ लेना चाहिए कि अब उसे बेफ़िक्री[3] की नींद कभी नसीब नहीं होगी। (आब-ए-गुम)

1 बेकार 2 निकलना 3 चैन

दिल-पसंद सवारी

बा'दशाहों और मुतलक़-उल-इ'नान[1] हुक्मरानों की मुस्तक़िल[2] और दिल-पसन्द सवारी दर-हक़ीक़त रिआ'या[3] होती है। ये एक दफ़्अ' इस पर सवारी गाँठ लें तो फिर उन्हें सामने कोई कुआँ, खाई, बाढ़ और रुकावट दिखाई नहीं देती। जोश-ए-शह-ज़ोरी-ओ-शह-सवारी[4] में नविश्त:-ए-दीवार[5] वाली दीवार भी फलाँग जाते हैं। (आब-ए-गुम)

1 निरंकुश 2 नियमित 3 प्रजा 4 अक्खड़पन और घुड़सवारी का जोश 5 प्रकट सच्चाई

दुम

सबसे आ'ला-ओ-अफ़्ज़ल[1] वो दुम क़रार पाएगी जो झड़ चुकी है, इसलिए

कि इस हादिसे[2] के बा'द ही अशरफ़ुल-मख़्लूक़ात[3] और ख़लीफ़तुल-अर्ज़[4] का दर्जा मिला है। (आब-ए-गुम)

1 श्रेष्ठ 2 दुर्घटना 3 श्रेष्ठतम सृष्टि 4 जमीन पर ईश्वर का उत्तराधिकारी

दिल में ज़हर

इन्सान वाहिद[1] हैवान[2] है जो अपना ज़हर दिल में रखता है। (आब-ए-गुम)

1 अकेला 2 जानवर

जान की अमान

बा'ज़-औक़ात[1] ग़रीब को मूँछ सिर्फ़ इसलिए रखनी पड़ती है कि ब-वक़्त-ए-ज़रूरत[2] नीची कर के जान की अमान[3] पाए। (आब-ए-गुम)

1 कभी-कभी 2 जरूरत पड़ने पर 3 सुरक्षा

ख़्वाब-ए-नीम-रोज़ और फ़ैंटसी

ख़्वाब-ए-नीम रोज़ (Day dreaming) और फ़ैंटसी से दो ही सूरतों में छुटकारा मिल सकता है। अव्वल[1] जब वो फ़ैंटसी न रहे, हक़ीक़त बन जाए। दोम[2], इन्सान किसी चौराहे बल्कि शश-ओ-पंज-राहे[3] पर अपने सोते जागते हमज़ाद[4] से सारे ख़्वाब बख़्श्वा कर रुख़्सत[5] चाहे। (आब-ए-गुम)

1 पहले 2 दूसरे 3 दुनिया की राह 4 एक साथ पैदा होने वाला 5 जाने की आज्ञा

उदासी

ग़ुस्सा जितना कम होगा, उसकी जगह उदासी लेती चली जाएगी।

(आब-ए-गुम)

दौड़ता हुआ दरख़्त

मैं वो दरख़्त हूँ जो ट्रेन में जाते हुए मुसाफ़िर को दौड़ता हुआ नज़र आता है।

(आब-ए-गुम)

मुनाफ़िक़, रियाकार

मैं मुनाफ़िक़,[1] रियाकार[2] नहीं मैंने गुनाह को हमेशा गुनाह समझ कर किया।

(आब-ए-गुम)

1 दोहरे चरित्र वाला 2 पाखंडी

लफ़्ज़ों के बन्दर

हर ज़माने का अपना उस्लूब[1] और आहंग[2] होता है। लफ़्ज़ कभी अंगरखा, कभी अ'बा-ओ-अ'मामा,[3] कभी डिनर जैकेट या फ़ूल्स-कैप,[4] कभी पैर में पायल या बेड़ी पहने नज़र आते हैं और कभी कोई मदारी अपनी क़ामूसी[5] डुगडुगी बजाता है तो लफ़्ज़ों के सधे सधाए बन्दर नाचने लगते हैं।

(आब-ए-गुम)

1 शैली 2 धुन 3 चोग़ा और पगड़ी 4 मसख़रे की टोपी 5 शब्दकोशीय

जड़ें

जब आदमी को ये न मा'लूम हो कि उसकी नाल कहाँ गड़ी है और पुरखों की हड्डियाँ कहाँ दफ़्न हैं तो वो मनी प्लांट की तरह हो जाता है जो मिट्टी के बग़ैर सिर्फ़ बोतलों में फलता फूलता है।

(आब-ए-गुम)

हाथ फेरो

ये बात हमने शीशम की लकड़ी, काँसी की लुटिया, बाली उमरिया और

चुग्गी दाढ़ी में ही देखी कि जितना हाथ फेरो उतनी ही चमकती है।

(आब-ए-गुम)

देसी फ़र्नीचर

यूरोपियन फ़र्नीचर सिर्फ़ बैठने के लिए होता है, जबकि हम किसी ऐसी चीज़ पर बैठते ही नहीं जिस पर लेट न सकें। मिसाल में दरी, गदैले, क़ालीन, जाजिम, चाँदनी[1], चारपाई, कूचः-ए-यार[2] और पहलू-ए-दिलदार को पेश किया जा सकता है। (आब-ए-गुम)

1 बिछाने की बड़ी सफ़ेद चादर 2 महबूब की गली

नाबालिगों के शग़ल

मीठा पान, ठुमरी और नॉवेल, ये सब नाबालिग़ों के शग़ल[1] हैं। (आब-ए-गुम)

1 काम

राजस्थान के तीन तोहफ़े

राजस्थान के तीन तुर्फ़ा[1] तोहफ़ों के तो हम भी क़ाइल और घाइल हैं। मीरा बाई, मेहदी हसन और रेशमा। (आब-ए-गुम)

1 अनोखा

दिल और जवानी

दाग़ तो दो ही चीज़ों पर सजता है। दिल और जवानी। (आब-ए-गुम)

ज़ेहनी सुकून और बे-फ़िक्री

ज़िन्दगी और करियर में दो चीज़ों की बड़ी अहमियत[1] है। अव्वल[2] इ'ज़्ज़त, दोम[3] ज़ेहनी सुकून[4] और बे-फ़िक्री[5]। (आब-ए-गुम)

1 महत्व 2 पहला 3 दूसरा 4 मन की शांति 5 चिंता मुक्त होना

ज़िन्दगी का राज़

हर दुख, हर अ'ज़ाब[1] के बा'द ज़िन्दगी, आदमी पर अपना एक राज़ खोल देती है। (आब-ए-गुम)

1 यातना

दुख

हर शख़्स के ज़हन में ऐ'श-ओ-फ़राग़त[1] का एक नक़्शा होता है जो दर-अस्ल चर्बः[2] होता है, उस ठाट-बाट का जो दूसरों के हिस्से में आया है लेकिन जो दुख आदमी सहता है वो तन्हा[3] उसका अपना होता है।

(आब-ए-गुम)

1 विलास और संपन्नता 2 प्रतिरूप 3 अकेला

यादों के फ़ानूस

बूढ़ा और तन्हा आदमी एक ऐसे खंडर में रहता है जहाँ भरी दोपहर में चराग़ाँ[1] होता है और जब रौशनियाँ बुझा के सोने का वक़्त आता है तो यादों के फ़ानूस[2] जगमग-जगमग रौशन होते चले जाते हैं। (आब-ए-गुम)

1 दीपोत्सव 2 झूमर

रूमानी-हाला

माज़ी[1] हर शय[2] के गिर्द[3] एक रूमानी-हाला[4] खींच देता है। गुज़रा हुआ दर्द भी सुहाना लगता है। (आब-ए-गुम)

1 अतीत 2 चीज़ 3 चारों ओर 4 रूमानी घेरा

मस्त मलंग

आदमी का जब सब कुछ छिन जाए तो वो या तो मस्त मलंग हो जाता है या किसी फ़ैंटसी-लैंड[1] में पनाह लेता है। (आब-ए-गुम)

1 काल्पनिक संसार

आदमी

आदमी उतना ही तन्हा होता है जितना महसूस करता है। (आब-ए-गुम)

उलझन

मरज़[1] का नाम मा'लूम हो जाए तो तक्लीफ़ तो दूर नहीं होती, उलझन दूर हो जाती है। (आब-ए-गुम)

1 रोग

ढुलमुल

जब कोई शख़्स दूसरों को क़ाइल[1] करने के लिए ज़ोर शोर से फ़लसफ़ा[2] और मन्तिक़[3] बघारने लगे तो समझ जाइए कि अन्दर से वो बेचारा ख़ुद ढुलमुल है। (आब-ए-गुम)

1 अपनी बात मनवाना 2 दर्शन शास्त्र 3 तर्क

बिन माँगे मश्वरे

इन्सान का कोई काम बिगड़ जाए तो नाकामी से इतनी कोफ़्त[1] नहीं होती जितनी उन बिन माँगे मश्वरों[2] और नसीहतों से होती है जिनसे हर वो शख़्स नवाज़ता है जिसने कभी उस काम को हाथ तक नहीं लगाया।

(आब-ए-गुम)

1 मानसिक पीड़ा 2 सलाहों

ज़िक्र-ए-गुनाह

ज़िक्र-ए-गुनाह[1], अ'मल-ए-गुनाह[2] से कहीं ज़ियादा लज़ीज़[3] होता है।

(आब-ए-गुम)

1 पाप की चर्चा 2 पाप-कर्म 3 स्वादिष्ट

सबसे नुमायाँ

जहाँ सभी ताज पहने बैठे हों, वहाँ नंगे-सर, ख़ाक-बसर[1] आदमी सबसे नुमायाँ[2] होता है। (आब-ए-गुम)

1 धूल में अटा हुआ 2 विशिष्ट

चार घन्टे

थाने, हवालात या जेल में आदमी चार घन्टे भी गुज़ार ले तो ज़िन्दगी और हज़रत-ए-इन्सान[1] के बारे में इतना कुछ सीख लेगा कि यूनिवर्सिटी में चालीस बरस रह कर भी नहीं सीख सकता। (आब-ए-गुम)

1 मनुष्य महोदय

मुअ'ल्लिम

अच्छा मुअ'ल्लिम[1] होने के लिए आ'लिम[2] होने की शर्त नहीं है।

(आब-ए-गुम)

1 शिक्षक 2 ज्ञानी

लहजा

दिलों के क़ुफ़्ल[1] की कलीद[2] लफ़्ज़[3] में नहीं लहजे में होती है। (आब-ए-गुम)

1 ताला 2 चाभी 3 शब्द

मायूस होने का फ़ायदा

क़ब्ल-अज़-वक़्त[1] मायूस[2] हो जाने में एक फ़ायदा ये देखा कि नाकामी और सदमे[3] का डंक और डर पहले ही निकल जाता है। (आब-ए-गुम)

1 समय से पहले 2 निराश 3 दुख

बूढ़ा

जब इन्सान को माज़ी[1] हाल[2] से ज़ियादा पुर-कशिश[3] नज़र आने लगे और मुस्तक़बिल[4] नज़र आना ही बन्द हो जाए तो बावर[5] करना चाहिए कि वो बूढ़ा हो गया है। (आब-ए-गुम)

1 अतीत 2 वर्तमान 3 आकर्षक 4 भविष्य 5 विश्वास

नायाब

बदसूरत अंग्रेज़ औ'रत Rarity (नायाब[1]) है। बड़ी मुश्किल से नज़र आती है। (आब-ए-गुम)

1 दुर्लभ

पब और बार

शाइस्तगी,[1] रवादारी[2] और बुर्दबारी[3] में अंग्रेज़ों का जवाब नहीं। मज़हब, सियासत[4] और सेक्स पर किसी और कैसी भी महफ़िल में गुफ़्तुगू[5] करना खिलाफ़-ए-तहज़ीब[6] और इन्तिहाई[7] मा'यूब[8] समझते हैं, सिवाए पब (शराब-ख़ाना) और बार के। (आब-ए-गुम)

1 शिष्टता 2 सहिष्णुता 3 गंभीरता 4 प्राजनीति 5 बातचीत 6 सभ्यता के विरूद्ध 7 अत्यंत 8 बुरा

अफ़्वाह

पाकिस्तान की अफ़्वाहों की सबसे बड़ी ख़राबी ये है कि सच निकलती हैं। (आब-ए-गुम)

उजड़ा घर

जिस घर में एक दफ़्अ' तबला या घुँघरू बज गए, उस घर के सामने एक न एक दिन दिवाले और क़ुर्क़ी का ढोल बजना लाज़िमी[1] है। वो घर उजड़े ही उजड़े। (आब-ए-गुम)

1 अनिवार्य

जाड़ा और बुढ़ापा

जाड़े और बुढ़ापे को जितना महसूस करोगे उतना ही लगता चला जाएगा। (ज़र-गुज़श्त)

तोहमत

एक उ'म्र ऐसी भी आती है कि आदमी को तोहमत[1] से भी यकगूना[2] ख़ुशी हासिल होती है। (ज़र-गुज़श्त)

1 लांछन 2 थोड़ा बहुत

निरी बदमआ'शी

मर्द इ'श्क़-ओ-आ'शिक़ी सिर्फ़ एक ही मर्तबा करता है, दूसरी मर्तबा अ'य्याशी और इसके बा'द निरी बदमआ'शी। (ज़र-गुज़श्त)

पान

आदमी को खाना अपनी बीवी के हाथ का पचता है और पान पराई के हाथ का रचता है। (ज़र-गुज़श्त)

मुहावरे

मुहावरे ज़बान के बढ़े हुए नाख़ुन होते हैं। (ज़र-गुज़श्त)

नशा और सवानेह-हयात

नशा और सवानेह-हयात[1] में जो न खुले, उससे डरना चाहिए।

(ज़र-गुज़श्त)

1 मात्मकथा

ख़ुश-दिली

ख़ुश-दिली[1] की एक मन्ज़िल बे-हिसी[2] से पहले पड़ती है और एक उसके बा'द। (ज़र गुज़श्त)

1 विनोदप्रियता 2 संवेदनहीनता

शराबी

ख़ाली बोरी और शराबी को कौन खड़ा रख सकता है। (ज़र-गुज़श्त)

किताब

किताब ख़ूबसूरत बीवी की तरह होती है। दूर से खड़े खड़े देख कर दाद[1] देने के लिए, बग़ल में दबा कर ले जाने के लिए नहीं। (ज़र-गुज़श्त)

1 प्रशंसा

आम

आम अगर पहले तुर्श[1] न हो तो फिर कभी मीठा नहीं हो सकता।

(ज़र-गुज़श्त)

1 खट्टा

बचपन के खिलौने

बचपन के खिलौने टूटते टूटते ही टूटते हैं। (ज़र-गुज़श्त)

धीरज

ज़मीन में ज़रा सा सूराख़[1] करना हो तो पूरी ताक़त से कुदाल चलानी पड़ती है। लेकिन ख़ाक-बसर[2] बीज, कोमल अखवे[3] और नर्म-ओ-नाज़ुक पनीरी किस धीरज से इसी ज़मीन को एक अदा से रज़ामन्द करके निकल आते हैं। (ज़र-गुज़श्त)

1 छेद 2 मिट्टी में रहने वाला

रूप बहरूप

जिसने एक-बार गोश्त-पोस्त[1] का रूप बहरूप देख लिया उसकी तस्कीन[2] फिर कभी परछाइयों से नहीं होगी। (ज़र-गुज़श्त)

1 पूरा जिन्दा शरीर 2 संतुष्टि

चील, कील, वकील

आस्मान की चील, चौखट की कील और कोर्ट के वकील से ख़ुदा बचाए, नंगा कर के छोड़ते हैं। (ज़र-गुज़श्त)

मूँछ और सिगार

मूँछ और सिगार के बग़ैर प्यार कैसा अधूरा अधूरा, फीका, शीर-ख़्वार[1] लगता है। (ज़र-गुज़श्त)

1 दूध पीता बच्चा

ईजाद

ताश के जितने भी खेल हैं वो मर्दों ने एक दूसरे को चुप रखने के लिए ईजाद[1] किए हैं। (ज़र-गुज़श्त)

1 आविष्कार

आस्मानी

1952 के बा'द से ज़मीन की कशिश[1] हर चीज़ को नीचे खींचती है, सिवाए क़ीमतों, पाकिस्तानी ब्यूरोक्रेट के सर और माडर्न Bra के मश्मूलात[2] के, जो फ़ी-ज़माना[3] सिर्फ़ आस्मानी कशिश के ताबे'[4] हैं। (ज़र-गुज़श्त)

1 आकर्षण 2 संबंधित सामग्री 3 इन दिनों 4 अधीन

बू-बास

घूँसे, चुटकी, छड़ी, गंडासे और बन्दूक़ की चोट एक जैसी नहीं होती। हर मुल्क के फूल, हर देस की नारी की बू-बास जुदा होती है। (ज़र-गुज़श्त)

कम हराम

शराब को ड्रिंक्स कहा जाए तो कम हराम मा'लूम[1] होती है। (ज़र-गुज़श्त)

1 वर्जित

तर्ज़ -ए- ता'ज़ीर

इल्ज़ामों की नौइ'य्यत[1] बदलती रही है, मगर ज़माने का तर्ज़-ए-ता'ज़ीर[2] आज भी वही है। (ज़र-गुज़श्त)

1 प्रकार 2 सज़ा देने का ढंग

जूता

जूता ऐसी चीज़ नहीं कि ज़ेवर की तरह माँग ताँग कर पहन लिया जाए। (ज़र-गुज़श्त)

धरती

धरती अपना आपा और भेद-भाव जूते के तले को नहीं दिखाया करती। (ज़र-गुज़श्त)

गाफ़

अमरीकन, तीनों गाफ़ या'नी गुफ़्तुगु,[1] गाना और गाली नाक से अदा-ओ-अ'ता[2] करते हैं। (ज़र-गुज़श्त)

1 बातचीत 2 प्रकट करना

गर्मी

गर्मी खाई हुई रोटी और लड़की का कौन लेवाल होता है। (ज़र-गुज़श्त)

लच्छन

ईजाद[1] और औलाद के लच्छन पहले ही से मा'लूम हो जाया करते तो दुनिया में न कोई बच्चा होने देता और न ईजाद। (ज़र-गुज़श्त)

1 आविष्कार

क़ब्र खोदने वाला

क़ब्र खोदने वाला हर मय्यत[1] पर आँसू बहाने बैठ जाए तो रोते-रोते अंधा हो जाए। (ज़र-गुज़श्त)

1 शव

जब ज़रा गर्दन निकाली देख ली

ये मैकनिज़्म क़ुदरत[1] ने सिर्फ़ कछुए ही में रखी है कि ज़रा कोई चीज़ नागवार-ए-ख़ातिर[2] हुई और सट से गर्दन अन्दर कर ली। बसूरत-ए-दीगर[3] जब ज़रा गर्दन निकाली देख ली। (ज़र-गुज़श्त)

1 प्रकृति 2 ना-पसन्द 3 अन्यथा

मोटी खाल

लम्बी उ'म्र का राज़[1] दर-अस्ल[2] नींद, मोटी खाल और Slow living में मुज़्मर[3] है। (ज़र गुज़श्त)

1 रहस्य 2 वास्तव में 3 छुपा हुआ

एयर क्रैश

बहरी[1] जहाज़ की एक ख़ूबी[2] ये है कि इसका एयर क्रैश नहीं होता।

(ज़र गुज़श्त)

1 समुन्दरी 2 अच्छाई

मज़ाक़

हमारे यहाँ मज़ाक़ काने का उड़ाया जाता है, अंधे को अंधा और नाई को नाई नहीं कहते, हाफ़िज़ जी और ख़लीफ़ा कहते हैं। (ज़र-गुज़श्त)

आँखें

फ़क़ीर के लिए आँखें न होना बड़ी ने'मत[1] है। (ज़र-गुज़श्त)

1 वरदान

आवारगी

मूँगफली और आवारगी में ख़राबी ये है कि आदमी एक दफ़्अ' शुरू' कर दे तो समझ में नहीं आता ख़त्म कैसे करे। (ज़र-गुज़श्त)

तज़्कीर-ओ-तानीस

तिलेर[1] और उर्दू अल्फ़ाज़[2] की तज़्कीर-ओ-तानीस[3] मा'लूम करने के लिए छठी हिस[4] दरकार है। (ज़र-गुज़श्त)

1 एक परिन्दा, एक प्रकार का साँप 2 शब्दों 3 पुल्लिंग-स्त्रीलिंग 4 अतींद्रिय ज्ञान

चालीस का पोटा

चालीस के पोटे में आने के बा'द दाल, खटाई, हम-उ'म्रों की सोहबत[1]

और आईने से पर्हेज़[2] लाज़िम[3] है। (ज़र-गुज़श्त)

1 संगत 2 बचना 3 अनिवार्य

जयपुर

आप तो जयपुर की मशहूर चीज़ें सिर्फ़ साँड, खाँड, भाँड और राँड ही बताते हैं। (ज़र-गुज़श्त)

रिश्तेदार

दुश्मनों के, हस्ब-ए-अ'दावत,[1] तीन दर्जे हैं: दुश्मन, जानी दुश्मन और रिश्तेदार। (ज़र-गुज़श्त)

1 शत्रुता के हिसाब से

यक-ज़ौजिया

दूसरे का ज़ब्ह[1] किया हुआ गोश्त खाने से आदमी बुज़दिल[2], यक-ज़ौजिया[3] और चर्ब-ज़बान[4] हो जाता है। (ज़र-गुज़श्त)

1 काटा हुआ 2 डरपोक 3 एक पत्नी वाला 4 चाटुकार

रस

भुट्टे, मुर्ग़ी की टाँग, प्यार और गन्ने पर जब तक दाँत न लगे रस पैदा नहीं होता। (ज़र-गुज़श्त)

बुढ़ापे की शादी

बुढ़ापे की शादी और बैंक की चौकीदारी में ज़रा फ़र्क़ नहीं। सोते में भी

एक आँख खुली रखनी पड़ती है और चुटिया पे हाथ रख के सोना पड़ता है। (ज़र-गुज़श्त)

निस्वाँ आग का पुतला

इन्सान ख़ता-ओ-निस्वाँ[1] का पुतला है। (ज़र-गुज़श्त)

1 भूल और औ'रत

कामयाबी का राज़

कामयाबी के लिए सेहत, मेहनत, दयानत[1] और ज़हानत[2] अज़-बस[3] ज़रूरी हैं। (ज़र-गुज़श्त)

1 ईमानदारी 2 प्रतिभा 3 बहुत

रूप की राजधानी

भले घरानों में वो अंग जो रूप की राजधानी हैं, कपड़े की सनअ'त[1] के मर्हून-ए-मिन्नत[2] नहीं होते। (ज़र-गुज़श्त)

1 उद्योग 2 एहसान तले दबा होना

कसरत-ओ-ज़ियादती

बुरी बात और बुरी आ'दत का सही लुत्फ़-ओ-लज़्ज़त[1] दर-अस्ल कस्रत-ओ-ज़ियादती (Excess) में ही आता है। साहिबो! ए'तिदाल[2] पर इतना ही इस्रार[3] है तो नेकी करो। कौन रोकता है? (ज़र-गुज़श्त)

1 आनन्द और स्वाद 2 संतुलन 3 आग्रह

सदा सुहागन रागिनियाँ

यूँ भी भैरवी और ख़ुशामद[1] सदा सुहागन रागिनियाँ हैं। हर वक़्त, हर महफ़िल और मौसम में मज़ा देती हैं । (ज़र-गुज़श्त)

1 चापलूसी

दफ़

जवानी दीवानी का दफ़[1] बीवी से मारा जाता है। बीवी का दफ़ औलाद से मारते हैं और औलाद का साइंसी ता'लीम[2] से, साइंसी ता'लीम का दफ़ अपने यहाँ दीनियात[3] से मारा जाता है। अरे साहब दफ़ का मरना खेल नहीं है मरते मरते मरता है। (ज़र-गुज़श्त)

1 गर्मी, जहर, जोश 2 शिक्षा 3 धर्मशास्त्र

ग़ीबत

दुनिया में ग़ीबत[1] से ज़ियादा ज़ूद-हज़्म[2] कोई चीज़ नहीं। (ज़र-गुज़श्त)

1 पीठ पीछे बुराई 2 आसानी से पचने वाली

बिजली

बिजली एक ही जगह दुबारा नहीं गिरा करती। (ज़र-गुज़श्त)

सर-ता-पा सुपुर्दगी

दौलत, सियासत, औ'रत और इ'बा'दत, कामिल[1] यकसूई,[2] मुकम्मल ख़ुद-गुज़ाश्तगी,[3] सर-ता-पा[4] सुपुर्दगी[5] चाहती हैं। ज़रा ध्यान भटका और मन्ज़िल खोटी हुई। (ज़र-गुज़श्त)

1 पूर्ण 2 एकाग्रता 3 आत्म-परित्याग 4 सर से पाँव तक 5 समर्पण

सूद और सरतान

सूद और सरतान[1] को बढ़ने से कोई नहीं रोक सकता। (जर-गुजश्त)

1 कैंसर

आदमी जाग उठे

सुब्ह उस वक़्त नहीं होती जब सूरज निकलता है, सुबह उस वक़्त होती है, जब आदमी जाग उठे। (ज़र गुजश्त)

इतरा इतरा कर चलना

कौमें जब अल्लाह की ज़मीन पर इतरा इतरा कर चलने लगती हैं तो ज़मीन अपने ही ज़ह्र-ख़ंद[1] से शक़[2] हो जाती है और तहज़ीबें[3] इसमें समा जाती हैं। (ज़र गुजश्त)

1 जह्रीली हँसी 2 दो टुकड़े 3 सभ्यताएँ

इ'जाज़त के बग़ैर

दुनिया में जहाँ कहीं, जो कुछ हो रहा है, वो हमारी इजाज़त[1] के बग़ैर हो रहा है। (ज़र गुजश्त)

1 आज्ञा

केंद्र बिंदु

आ'म आदमी की एक पहचान ये भी है कि उसकी ज़िन्दगी में सिर्फ़ तीन मौक़े' ऐसे आते हैं जब वो तन्हा सबकी निगाहों का मर्कज़[1] होता है। अ'क़ीक़ा,[2] निकाह और तदफ़ीन[3]। (जर-गुजश्त)

1 केंद्र बिंदु 2 मुसलमान बच्चों का मुंडन और नामकरण संस्कार आदि का जश्न 3 दफ़्न किया जाना

आ'म आदमी

आ'म आदमी तो बेचारा इतनी भी सकत[1] और इस्तिताअ'त[2] नहीं रखता कि अपनी ज़िन्दगी को मर्दुम-आज़ारी[3] के तीन मुसल्लिमा[4] अदवार[5] में तक़्सीम[6] कर सके या'नी जवानी में फ़ज़ीहत,[7] ढलती उ'म्र में नसीहत और बुढ़ापे में वसिय्यत। (ज़र-गुज़श्त)

1 शक्ति 2 सामर्थ्य 3 दिल दुखाना 4 सर्वमान्य 5 काल-खंडों 6 बटवारा 7 अपमान

हश्व-ओ-ज़वाइद

अपनी तहरीर[1] में काँट छाँट करने और हश्व-ओ-ज़वाइद[2] का मस्अला[3] बड़ा टेढ़ा होता है। ये तो ऐसा ही अ'मल[4] है जैसे सर्जन अपना अपेन्डिक्स आप निकालने की कोशिश करे। (ज़र-गुज़श्त)

1 लेखन 2 भरती की और अनावश्यक बातें 3 समस्या 4 काम

तिजारत और नजाबत

तिजारत[1] और नजाबत[2] में संजोग मुम्किन नहीं। (ख़ाकम-ब-दहन)

1 व्यापार 2 कुलीनता

दर्द-ओ-अज़िय्यत का एहसास

हमारे यहाँ औ'रत और शराब को अब तक क्लोरोफ़ार्म की जगह इस्तिमाल किया जाता है। या'नी दर्द-ओ-अज़िय्यत[1] का एहसास मिटाने के लिए, न कि सरूद-ओ-इन्बिसात[2] की ख़ातिर। (ख़ाकम-ब-दहन)

1 यातना, पीड़ा 2 मस्ती और उल्लास

निरी आ'शिक़ी

आदमी बुल-हवसी[1] में कमज़ोरी या काहिली[2] दिखाए तो निरी आ'शिक़ी रह जाती है। (ख़ाकम-ब-दहन)

1 यौनेच्छा 2 आलस

उ'म्र-ए-वुस्ता

बाई-फोकल, अल्सर, बद-नज़री,[1] गाफ़,[2] नई नस्ल से बेज़ारी,[3] रक़ी-क़ुल-क़ल्बी[4] और आसूदा-हाली[5]। ये उ'म्र-ए-वुस्ता[6] की जानी-पहचानी निशानियाँ हैं। (ख़ाकम-ब-दहन)

1 बुरी नज़र डालना 2 अश्लीलता 3 उकताहट 4 बात-बात पर रोने की अवस्था 5 संपन्नता 6 अधेड़ उ'म्र

उ'म्र

ख़ून, मुश्क,[1] इ'श्क़ और नाजायज़ दौलत की तरह उ'म्र भी छुपाए नहीं छुपती। (ख़ाकम-ब-दहन)

1 सुगंध

काया का सुख

काया का सुख चाहो तो जवानी में बहरे बन जाओ और बुढ़ापे में अंधे।

(ख़ाकम-ब-दहन)

जूते

मस्जिद में हम कभी आ'म जूते पहन कर नहीं जाते, इसलिए कि जूते अगर साबित[1] हों तो सज्दे में दिल उन्हीं में पड़ा रहता है।

(ख़ाकम-ब-दहन)

1 अच्छी हालत में

थोड़ा आराम

मिडिल-एज का ब-जुज़[1] पीरी[2] कोई इ'लाज नहीं। हाँ तंग-दस्ती[3] और तसव्वुफ़[4] से थोड़ा सा आराम आ जाता है। (ख़ाकम-ब-दहन)

1 सिवाए 2 बुढ़ापा 3 दरिद्रता 4 अध्यात्म

दाद

एक रक़्क़ासा[1] अपने हुस्न-ओ-कमाल[2] की दाद[3] लेने दूसरी रक़्क़ासा के पास नहीं जाती। दाद तो तमाशाइयों से मिलती है। (ख़ाकम-ब-दहन)

1 नर्तकी 2 सुंदरता और कौशल 3 प्रशंसा

ठठेरे का कबूतर

ठठेरे का कबूतर तालियों से नहीं उड़ता। (ख़ाकम-ब-दहन)

हुनर-मन्द

हुनर-मन्द के हाथ में औज़ार भी हथियार बन जाता है। (ख़ाकम-ब-दहन)

एक उ'म्र का रियाज़

एक मुतबस्सिम[1] ख़ुद-सुपुर्दगी,[2] एक बे-ताब[3] आमादगी[4] के साथ मरने के लिए एक उ'म्र का रियाज़[5] दरकार है। ये बड़े ज़र्फ़[6] और हौस्ले का काम है। (ख़ाकम-ब-दहन)

1 मुस्कुराता हुआ 2 आत्म-समर्पण 3 बेचैन 4 रज़ामन्दी 5 अभ्यास 6 पात्रता

वल्दियत

जिस तरह आजकल किसी की उ'म्र या तनख़्वाह दरयाफ़्त[1] करना बुरी बात समझी जाती है इसी तरह, बिल्कुल इसी तरह बीस साल बा'द किसी की वल्दियत[2] पूछना बद-अख़्लाक़ी[3] समझी जाएगी। (ख़ाकम-ब-दहन)

1 मा'लूम 2 बाप का नाम 3 अशिष्टता

माँझी

किनारे को तरसा हुआ माँझी हर उथली खाड़ी में लंगर डाल देता है।

(ख़ाकम-ब-दहन)

ज़बान

ख़ुदा ने एक पार:-ए-गोश्त[1] को जाने किस लज़्ज़त[2] से हमकिनार[3] कर दिया। अगर सारा बदन उस लज़्ज़त से आश्ना[4] हो जाता तो इन्सान उसकी ताब[5] न लाता। ज़मीन की छाती फट जाती। (ख़ाकम-ब-दहन)

1 माँस का टुकड़ा 2 आनंद 3 प्राप्त होना 4 परिचित 5 बर्दाश्त

बाहर की प्याज़

हर शब[1] आँगन में उतरने वाले मन्न-ओ-सल्वा[2] के मुक़ाबले बाहर की प्याज़ की गंठी[3] मज़ा दे जाती है। (ख़ाकम-ब-दहन)

1 रात 2 अति स्वादिष्ट व्यंजन 3 गाँठ

आलू और मज़्हब

जो मुल्क जितना ग़ुर्बत-ज़दा[1] होगा, उतना ही आलू और मज़्हब का

चलन ज़ियादा होगा। (ख़ाकम-ब-दहन)

1 दरिद्र

शादी और तलाक़

साहब मर्द का क्या है। आजकल मर्द ज़िन्दगी से उकता जाता है तो शादी कर लेता है और अगर शादीशुदा है तो तलाक़ दे देता है।

(ख़ाकम-ब-दहन)

अंग्रेज़ औ'रत

कोई अंग्रेज़ औ'रत जिसे अपना फ़िगर और मुस्तक़बिल[1] ज़रा भी अ'ज़ीज़ है, आलू को छूती तक नहीं। (ख़ाकम-ब-दहन)

1 भविष्य

प्रोफ़ेसर

आदमी एक-बार प्रोफ़ेसर हो जाए तो उ'म्र-भर प्रोफ़ेसर ही रहता है, ख़्वाह[1] बा'द में समझदारी की बातें ही क्यों न करने लगे। (ख़ाकम-ब-दहन)

1 चाहे

तुख़्मी आम

अंग्रेज़ी फिल्मों में लोग यूँ प्यार करते हैं जैसे तुख़्मी[1] आम चूस रहे हों।

(ख़ाकम-ब-दहन)

1 एक प्रकार का आम

फ़ी

अगर कोई शख़्स तिजारत[1] में बहुत जल्द नाकाम न हो सके तो समझ लो कि उसके हसब-नसब[2] में फ़ी[3] है। (ख़ाकम-ब-दहन)

1 व्यापार 2 ख़ानदान 3 दोष

जीने का फ़लसफ़ा

बीसवीं सदी में जीत उन्हीं की है जिनके एक हाथ में दीन[1] है और दूसरे में दुनिया और दाएँ हाथ को ख़बर नहीं कि बाएँ में क्या है। (ख़ाकम-ब-दहन)

1 धर्म

जुआ

जुआ अगर क़रीबी रिश्तेदारों के साथ खेला जाए तो कम गुनाह[1] होता है। (ख़ाकम-ब-दहन)

1 पाप

मुसीबत

इन्सान वाहिद[1] हैवान है जो मुसीबत पड़ने से पहले ही मायूस[2] हो जाता है। (ख़ाकम-ब-दहन)

1 अकेला 2 निराश

साहब-ए-मुआ'मला

ख़ुद दीबाचा[1] लिखने में वही सहूलत[2] और फ़ायदे मुज़्मर[3] हैं जो ख़ुदकुशी में होते हैं, या'नी तारीख़-ए-वफ़ात[4], आला-ए-क़त्ल[5] और मौक़ा-ए'-वार-

दात[6] का इन्तिख़ाब[7] साहब-ए-मुआ'मला[8] ख़ुद करता है। (ख़ाकम-ब-दहन)

1 प्रस्तावना 2 आसानी 3 छुपे हुए 4 मरने की तारीख़ 5 क़त्ल का हथियार 6 घटनास्थल 7 चयन 8 जिससे संबंधित घटना हो

बुरी सोहबत

तफ़रीह[1] में बुरी सोहबत[2] से पर्हेज़[3] लाज़िम[4] है। (चराग़ तले)

1 मनोरंजन 2 संगत 3 बचना 4 अनिवार्य

क़ुनूती

क़ुनूती[1] से ऐसा शख़्स मुराद है जिसका ये अ'क़ीदा[2] हो कि अल्लाह तआ'ला ने आँखें रोने के लिए बनाई हैं। (चराग़ तले)

1 निराशावादी 2 आस्था

हेकड़

क़ौमें पिट पिट कर ही हेकड़ होती हैं। (चराग़ तले)

सज़ा

हमारे यहाँ क्रिकेट मश्ग़ला[1] है न मिशन, अच्छी ख़ासी ता'ज़ीरी[2] मशक़्क़त[3] है, जिसमें काम से ज़ियादा अ'रक़-रेज़ी[4] करना पड़ती है।

(चराग़ तले)

1 काम 2 दंड-स्वरूप 3 कठिन परिश्रम 4 पसीना बहाना

तमाशाई की ताली

याद रखो! तमाशे में जान तमाशाई[1] की ताली से पड़ती है, न कि मदारी

की डुगडुगी से। (चराग़ तले)

1 दर्शक

ताश

आप तिजारत[1] और इ'बा'दत तो किसी के साथ भी कर सकते हैं, लेकिन ताश सिर्फ़ अशरफ़[2] के साथ खेलने चाहिए। (चराग़ तले)

1 व्यापार 2 कुलीन लोग

जन्नत

जन्नत[1] वाहिद[2] ऐसी जगह है जिसका हाल[3] और मुस्तक़बिल[4] उसके माज़ी[5] से बेहतर नहीं हो सकता। (चराग़ तले)

1 स्वर्ग 2 एकमात्र 3 वर्तमान 4 भविष्य 5 अतीत

दाँत और चने

क़ुदरत[1] के खेल निराले होते हैं। जब वो दाँत देती है तो चने नहीं होते और जब चने देने पर आती है तो दाँत नदारद[2]। (चराग़ तले)

1 प्रकृति, ईश्वर 2 लुप्त

गिला

मौसम, मा'शूक़ और हुकूमत[1] का गिला[2] हमेशा से हमारा क़ौमी[3] मशग़ला[4] रहा है। (चराग़ तले)

1 शासन, सरकार 2 शिकायत 3 राष्ट्रीय, जातीय 4 काम

तज़ाद

उन (अंग्रेज़ों) की क़ौमी ख़स्लत[1] है कि वो तफ़्रीह[2] के मुआ'मले में इन्तिहाई[3] जज़्बाती[4] हो जाते हैं और मुआ'मलात-ए-मोहब्बत[5] में परले दर्जे के कारोबारी। इसी ख़ुशगवार[6] तज़ाद[7] का नतीजा है कि उनका फ़लसफ़ा हद दर्जा सतही[8] है और मज़ाह निहायत[9] गहरा। (चराग़ तले)

1 स्वभाव 2 मनोरंजन 3 अत्यंत 4 भावुक 5 प्रेम-प्रसंगों 6 विरोधाभास 7 निम्ब स्तरीय 8 अत्यंत

बदमआ'शी

फ़ी-ज़माना[1] हम तो शाइ'री को जब तक कि वो किसी का ज़रीयः-ए-मआ'श[2] न हो, निरी अ'य्याशी बल्कि बदमआ'शी समझते हैं। (चराग़ तले)

1 आजकल 2 जीविका का साधन

मुर्ग़-ओ-मुल्ला

मुर्ग़-ओ-मुल्ला के रिज़्क़[1] की फ़िक्र तो अल्लाह मियाँ को भी नहीं होती।

(चराग़ तले)

1 जीविका

चारपाई और ग़रीब रिश्तेदार

ऊँचे घरानों में अब ऐसी चारपाइयों को ग़रीब रिश्तेदारों की तरह कोनों खुदरों में आड़े वक़्त के लिए छुपा कर रखा जाता है। (चराग़ तले)

रुई, दुई और मन्टो के अफ़्साने

मसल मश्हूर है कि सर्दी रुई से जाती है या दुई से लेकिन अगर ये अस्बाब[1] नापैद[2] हों और सर्दी ज़ियादा और लिहाफ़ पतला हो तो

ग़रीब-ग़ुरबा[3] मन्टो के अफ़्साने[4] पढ़ कर सो रहते हैं। (चराग़ तले)

1 सामान 2 अनुपलब्ध 3 ग़रीब लोग 4 कहानियाँ

गोल मेज़

बैनुल-अक़्वामी[1] मुज़ाकरात[2] गोल मेज़ पर न हुए होते तो लाखों जानें तलफ़[3] होने से बच जातीं। (चराग़ तले)

1 अन्तर्राष्ट्रीय 2 वार्ताएँ 3 नष्ट

फ़ुर्सत के पल

किसी शख़्स की शाइस्तगी[1]-ओ-शराफ़त का अन्दाज़ा आप सिर्फ़ इससे लगा सकते हैं कि वो फ़ुर्सत[2] के लम्हात[3] में क्या करता है और रात को किस क़िस्म[4] के ख़्वाब देखता है। (चराग़ तले)

1 शालीनता 2 ख़ाली समय 3 पल 4 प्रकार

आ'ला तहज़ीब

मुम्किन[1] है उम्दा ग़िज़ा[2], आ'ला[3] तहज़ीब[4] को जन्म न दे सके, लेकिन आ'ला तहज़ीब कभी ख़राब ग़िज़ा बर्दाश्त नहीं कर सकती। (चराग़ तले)

1 संभव 2 भोजन 3 उत्कृष्ट 4 सभ्यता

ज़िन्दगी की रफ़्तार

वक़्त को इन्सान जितनी बार तक़्सीम[1] करेगा, ज़िन्दगी की रफ़्तार उतनी ही तेज़ और नतीजतन[2] मौत उतनी ही क़रीब होती जाती है।

(चराग़ तले)

1 बटवारा 2 परिणामस्वरूप

बुढ़ापा और मौत

जिस शख़्स ने भी ना-क़ाबिल-ए-तक़्सीम[1] रवाँ-दवाँ[2] वक़्त को पहली बार सेकेंड, साल और सदी[3] में तक़्सीम किया, उसने इन्सान को सही मा'नों में पीरी[4] और मौत का ज़ायक़ा[5] चखाया। (चराग़ तले)

1 अविभाज्य 2 गतिमान 3 शताब्दी 4 बुढ़ापा 5 स्वाद

उ'म्र

उ'म्र भी ज़मीर[1] और जूते की मानिन्द[2] है, जिनकी मौजूदगी का एहसास उस वक़्त तक नहीं होता जब तक वो तक्लीफ़ न देने लगें।

(चराग़ तले)

1 अंतरात्मा 2 तरह

ढलती छाँव

चढ़ती दोपहर से ढलती छाँव ज़ियादा ख़ुशगवार[1] होती है। (चराग़ तले)

1 सुखद

दबे

ज़बरदस्त तब्दीलियाँ[1] हमेशा दबे-पाँव आती हैं। (चराग़ तले)

1 बदलाव

बड़े आदमियों आ'माल-नामा

तारीख़[1] बड़े आदमियों का आ'माल-नामा[2] है जो ग़लती से हमारे हाथ में थमा दिया गया। (चराग़ तले)

1 इतिहास 2 कर्म-पत्र

बीमे का मक़्सद

आदमी अगर क़ब्ल-अज़-वक़्त[1] मर न सके तो बीमे का मक़्सद ही फ़ौत[2] हो जाता है। (चराग़ तले)

1 समय से पहले 2 ख़त्म

लज़्ज़त

किसी अच्छे भले काम को ऐ'ब[1] समझ कर किया जाए तो इसमें लज़्ज़त[2] पैदा हो जाती है। (चराग़ तले)

1 बुराई 2 मज़ा

दाना

दाना[1] वही है जो ज़रा मेहनत कर के अपनी ज़ात[2] में कोई ऐसा नुमायाँ[3] ऐ'ब पैदा कर ले जो उस के अस्ल ऐ'बों को ढाँप ले। (चराग़ तले)

1 बुद्धिमान 2 व्यक्तित्व 3 साफ़ नज़र आने वाला

रिश्तेदार

बढ़िया सिगरेट पीते ही हर शख़्स को मुआ'फ़ कर देने को जी चाहता है, ख़्वाह[1] वो रिश्तेदार ही क्यों न हो। (चराग़ तले)

1 चाहे

वाह, आह, कराह

हुस्न और जवानी से बहरः-याब[1] होने का सलीक़ा भी कुछ कुछ उस वक़्त पैदा होता है जब वाह एक गहरी आह और आह एक लम्बी कराह में बदल चुकी होती है। (चराग़ तले)

1 लाभ उठाना

अमरीका की तरक़्क़ी

अमरीका की तरक़्क़ी[1] का सबब[2] यही है कि इसका कोई माज़ी[3] नहीं।

(चराग़ तले)

1 विकास 2 कारण 3 अतीत

मलंग का दिल

मलंग के दिल में सबील[1] पर क़ब्ज़ा करने की ख़्वाहिश नहीं होती।

(चराग़ तले)

1 पियाऊ

जवान मौलवी और बूढ़ा शाइ'र

जवान मौलवी और बूढ़े शाइ'र पर अपना दिल तो नहीं टिकता।

(चराग़ तले)

इत्मीनान

सच तो ये है कि हुकूमतों के अलावा कोई भी अपनी मौजूदा तरक़्क़ी से मुत्मइ'न[1] नहीं होता। (चराग़ तले)

1 संतुष्ट

तरक़्क़ी की निशानी

अपने अ'ह्द[1] से ग़ैर-मुत्मइ'न[2] होना बजा-ए-ख़ुद[3] तरक़्क़ी की निशानी है। (चराग़ तले)

1 समय 2 असंतुष्ट 3 अपने आप में

कहावत

कॉफ़ी का जला चाय फूँक फूँक कर पीता है। (चराग़ तले)

तलफ़्फ़ुज़ की मज्बूरी

मैं माकूलात[1] में मा'क़ूलात[2] का, दख़्ल[3] जायज़ नहीं समझता तावक़्तेकि[4] इस घपले की अस्ल वज्ह[5] तलफ़्फ़ुज़[6] की मज्बूरी न हो। (चराग़ तले)

1 खाने लायक़ चीज़ें 2 ज्ञान-विज्ञान 3 हस्तक्षेप 4 जब 5 कारण 6 उच्चारण

सलीक़ा

अपने फ़लसफ़े[1] की ख़ातिर दूसरों को जान देने पर आमादा[2] करने के लिए सलीक़ा चाहिए। (चराग़ तले)

1 दर्शन शास्त्र 2 प्रेरित

उ'म्दा ग़िज़ा

उ'म्दा[1] ग़िज़ा[2] के बा'द कम-अज़-कम[3] मुझे तो बड़ा इन्शिराह[4] महसूस होता है और बे-इख़्तियार[5] जी चाहता है कि बढ़ के हर राहगीर को सीने से लगा लूँ। (चराग़ तले)

1 उच्च कोटि का 2 भोजन 3 कम से कम 4 खुलापन, ख़ुशी 5 अनायास

अच्छा भोजन और ग़लत सलाह

मैं दिमाग़ी सेहत के लिए ये ज़रूरी समझता हूँ कि इन्सान को पाबन्दी से सहीह[1] ग़िज़ा और ग़लत मश्वरा[2] मिलता रहे। इसी से ज़ेहनी[3] तवाज़ुन[4] क़ायम रहता है। (चराग़ तले)

1 ठीक 2 सलाह 3 मानसिक 4 संतुलन

मिज़ाजपुर्सी

मार्फ़िया के इंजेक्शन मरीज़ के बजाय मिज़ाजपुर्सी[1] करने वालों को लगाए जाएँ तो मरीज़[2] को बहुत जल्द सुकून आ जाए। (चराग़ तले)

1 हाल पूछना 2 रोगी

मौत और शादी

इन्सान को मौत हमेशा क़ब्ल-अज़-वक़्त[1] और शादी बा'द-अज़-वक़्त[2] मा'लूम होती है। (चराग़ तले)

1 समय से पहले 2 समय के बा'द

पहला पत्थर

जिस शख़्स को पहला पत्थर फेंकते वक़्त अपना सर याद नहीं रहता, उसे दूसरों पर पत्थर फेंकने का हक़ नहीं। (चराग़ तले)

नज़्ज़ारगी की हवस

समझदार आदमी को जो कुछ देखना हो और नज़्ज़ारगी[1] की जितनी हवस और हौस्ला हो, उसकी गुन्जाइश पहली ही नज़र के इलास्टिक दौरानिए[2] में निकाल लेता है। दूसरी तीसरी पाँचवीं नज़र तो अनाड़ी डालते हैं या ना-क़ाबिल-ए-इस्लाह[3] नज़र-बाज़ या फिर नंबर से उतरी हुई ऐ'नक लगाने वाले बुड्ढे ठर्की। (शाम-ए-शह्र यारों)

1 तल्लीनता से देखना 2 अन्तराल 3 जिसे सुधारा न जा सके

मॉरल सपोर्ट

ना-मा'क़ूल[1] हरकत से पहले और बा'द में मॉरल सपोर्ट की सख़्त

ज़रूरत होती है। (शाम-ए-शह्‌र याराँ)

1 अनुचित

ग़ैन

उदासी और ग़मगीनी का इ'लाज चार (ग़ैन) हैं ग़िना,[1] ग़ुनूदगी[2] और ग़ज़ाली[3] आँख, मगर ख़ाली पेट नहीं, पहले ग़िज़ा[4]। (शाम-ए-शह्‌र याराँ)

1 गीत-संगीत 2 उनींदापन 3 हिरन जैसी 4 भोजन

बहिश्त-ए-बरीं

जब किसी बन्दः-ए-ख़ुदा को अपनी महरूमी,[1] ना-मुरादी[2] और मज़्लूमियत[3] में 'मीर' की तरह मज़ा, बल्कि उन पर प्यार आने लगे तो जान लो कि उसका मरना जीना इसी ख़ुद-साख़्तः[4]-ओ-ख़ुद-कार[5]-ओ-ख़ुद-आरा[6] बहिश्त-ए-बरीं[7] में होगा। (शाम-ए-शह्‌र याराँ)

1 असफलता 2 दुर्भाग्य 3 पीड़ित होने का भाव 4 स्व-निर्मित 5 स्वचालित 6 ख़ुद सजाया हुआ 7 स्वर्ग

क़द

सच पूछिए तो क़द पर फ़ख़्र[1] अहमक़,[2] ऊँट, ज़िराफ़, वॉलीबॉल के खिलाड़ी, रंगरूट और कटी पतंग लूटने वाले ही को हो सकता है।

1 गर्व 2 मूर्ख

दूरी

जो शय[1] या शख़्स दूरी या ना-वाक़िफ़िय्यत[2] के बाइ'स[3] छोटा नज़र आता है, उसका एहतिराम[4] करो। उससे डरो। पास जाओगे तो बच्चू वो

तुमसे कई गुना बड़ा निकलेगा।

1 वस्तु 2 अनभिज्ञता 3 कारण 4 सम्मान

लज़ीज़ चीज़ें

दुनिया में जितनी भी लज़ीज़[1] चीज़ें हैं, इन में से आधी तो मौलवी साहिबान ने हराम[2] कर दी हैं और बक़िया[3] आधी डाक्टर साहिबान ने।

1 स्वादिष्ट 2 वर्जित 3 बची हुई

कच्ची कला

जो शोरीदा-सर[1] मज़ाह-निगार[2] हँसी हँसी में काम की और दानाई[3] की बात न कर सके उस का ख़न्दा-ए-दन्दाँनुमा[4] अभी ख़ाम[5] और फ़न[6] हनूज़[7] नापुख़्त[8] है।

1 सरफिरा 2 हास्य-कार 3 अक़्लमन्दी 4 दाँत दिखाने वाली हँसी 5 कच्चा 6 कला 7 अभी तक 8 कच्चा

Mouth to mouth resuscitation

इन अंग्रेज़ों को तो ढंग से मोहब्बत करना भी नहीं आता। प्यार और फ़र्स्ट एड में तमीज़ नहीं कर सकते। ऐसा लगता है जैसे Mouth to mouth resuscitation दे रहे हों।

मादरी ज़बान

इन्सान कितना ही हफ़्त-ज़बान[1] हो गाली, गाने और गिनती के लिए अपनी मादरी[2] ज़बान ही इस्तिमाल करता है।

1 बहुभाषी 2 मातृ

समझदार

समझदार आदमी नज़र हमेशा नीची और नियत ख़राब रखता है।

दुख-दर्द का मुदावा

एक ज़िन्दा, ज़िम्मेदार और मोहज़्ज़ब[1] मुआ'शरे[2] की ये पहचान है कि अगर वो किसी के दुख-दर्द का मुदावा[3] नहीं कर सकता तो इसमें शरीक हो जाता है

1 सभ्य 2 समाज 3 इ'लाज

कूल्हे

कूल्हे सिर्फ़ बैठने, पतलून को फिसलने से बाज़[1] रखने और स्कूल में बेंत लगवाने के लिए बनाए गए हैं।

1 बचाना

हालात-ए-हाज़िरा

हालात-ए-हाज़िरा[1] पर तब्सिरा[2] करते वक़्त जो शख़्स अपने ब्लड प्रेशर और गाली पर क़ाबू रख सके वो या तो वली[3] है, या फिर वो ख़ुद ही हालात-ए-हाज़िरा का ज़िम्मेदार है।

1 वर्तमान परिस्थितियों 2 टिप्पणी 3 संत, महात्मा

मोहमल शे'र

उ'म्दा मोहमल[1] शे'र कहने के लिए बड़ी ज़हानत[2] और ताईद-ए-ईज़दी[3] दरकार है जो ऐसे वैसे शाइ'र का काम नहीं।

1 निर्थक 2 मनीषा 3 ईश्वर का समर्थन

हरामख़ोरी

जब किसी लिखने वाले को पढ़ने में ज़ियादा मज़ा आने लगे तो जानिए निरी हरामख़ोरी पर उतर आया है।

राज़हा-ए-सर-ए-बिस्तर

अंग्रेज़ी ज़बान दूसरी और तीसरी सूरतों के राज़हा-ए-सर-ए-बिस्तर[1] के इज़्हार[2] के लिए निहायत मौज़ूँ[3] है।

1 बिस्तर के रहस्य 2 अभिव्यक्ति 3 उपयुक्त

पहला इ'श्क़

पहला इ'श्क़ बिल्कुल सच्चा, genuine और पाक होता है, इसलिए कि उस ज़माने में इतनी समझ नहीं होती।

निशात-ए-कार

कार-ए-दुनिया[1] जब इ'बा'दत की तरह ख़ुलूस-ए-निय्यत[2], यकसूई[3] और दिलजमई'[4] से किया जाए तो वो अपनी जिलौ[5] में तुमानियत-ओ-इन्बिसात[6] की एक सरमदी कैफ़िय्यत लाता है। निशात-ए-कार[7] हमसे दुनिया की कोई ताक़त, कोई आमिर[8] या आजिर[9] नहीं छीन सकता।

1 सांसारिक काम 2 भावना की पवित्रता 3 एकाग्रता 4 मन लगा कर 5 साथ 6 संतुष्टि और ख़ुशी 7 काम से मिलने वाली ख़ुशी 8 अधिनायक 9 काम देने वाला

हुस्न-ए-कारकर्दगी

हुस्न-ए-कारकर्दगी[1] अपना इ'नाम आप है। ये किसी सनद,[2] किसी ख़िलअत-ए-फ़ाख़िरा[3] या तमग़े का न मुहताज है न ख़्वास्तगार[4]। सच्चा और

खरा फ़नकार कोई मदारी या शो'बदा-बाज़[5] तो होता नहीं, जिसका तमाशा तमाशाइयों की फ़र्माइशी तालियों का ताबे'[6] हो और जादू 'नज़र बन्दी' का पाबन्द हो कर रह जाए।

1 अच्छी तरह काम करना 2 प्रमाण पत्र 3 गर्व से पहनने वाला चोगा 4 लालसा रखने वाला 5 हाथ की सफ़ाई या कर्तब दिखाने वाला 6 अधीन

ग़लत सोहबत

आदमी को जब तक ठीक वक़्त पर ग़लत सोहबत[1] नसीब न हो, वो इन्सान नहीं बनता। सौ फ़ीसद ख़ालिस[2] सोने की ईंट तो बन सकती है, जेवर या ज़िरह-बक्तर[3] नहीं बन सकता।

1 संगत 2 विशुद्ध 3 सुरक्षा कवच

बुढ़ापे का हौल

बचपन और जवानी की एक ख़ुसूसिय्यत[1] ये भी है कि उनके आने का एहसास उनके जाने के बा'द होता है, जबकि बुढ़ापे का एहसास और हौल[2] उस के आने से बहुत पहले होने लगता है

1 विशेषता 2 डर, बेचैनी

बुढ़ापा

बुढ़ापा ज़ालिम शुरूअ' होने से पहले ही शुरूअ' हो जाता है और जब भर के आता है तो हर याद, हर नक़्श-ए-मासिवा[1] मिटाता चला जाता है, यहाँ तक कि आदमी ख़ुद चीख़ उठता है। अब कुछ भी नहीं मुझको बुढ़ापे के सिवा याद

1 अतिरिक्त निशाना

दुनिया-ए-दनी

मुझे तो ये दुनिया-ए-दनी[1] अशरफ़-उल-मख़्लूक़ात[2] से ठेके पर बनवाई हुई लगती है, टेंडर तलब किए बग़ैर। वर्ना ताअ'त[3] के लिए कुछ कम न थे करूबियाँ[4]।

1 तुच्छ संसार 2 मानव जाति 3 पूजा, उपासना 4 फ़रिश्ते

लहजा

दरअस्ल गाली लफ़्ज़ में नहीं होती लहजे में होती है। गाली में गन्दगी तो लहजा भरता है। वैसे सबसे ज़ियादा गन्दगी तो आँखें बकती हैं। तभी तो लोग डार्क ग्लासेज़ लगाए फिरतें हैं।

दिल खट्टा

रात को फल ख़ुसूसन[1] ख़रबूज़ा हर्गिज़[2] न ख़रीदो और तवाइफ़ को कभी नहार मुंह[3] न देखो। मत्लब ये कि दिन-भर धूप खाया हुआ ख़रबूज़ा और बाज़ार-ए-हुस्न में रात-भर जागी तवाइफ़ मेक-अप के बग़ैर अ'लस्सबाह[4] न देखो वर्ना दिल दोनों से हमेशा के लिए खट्टा हो जाएगा।

1 विशेष तौर पर 2 कदापि 3 बासी मुंह 4 प्रात: काल

फ़रासत-ए-दुनियावी

ज़िन्दगी अनपढ़ आदमी को ऐसी अ'मली[1] सूझ-बूझ, मुआ'मला-फ़ह्मी[2] और वर्ल्डली विज़्डम (फ़रासत-ए-दुनियावी) बग़ायत[3] अर्ज़ानी[4] करती है कि दाना[5] दंग रह जाते हैं।

1 व्यावहारिक 2 चालाकी 3 प्रचुर मात्रा में 4 प्रदान 5 बुद्धिमान

हज्व-ए-मलीह

मज़ाह-निगार[1] क़सीदे[2] में भी हज्व-ए-मलीह[3] का पहलू निकाल लेता है और इसमें वो अपनी आ'दत-ओ-जिबिल्लत[4] से मज्बूर है। कछार में शेरनी अपने बच्चे तक को ख़ून-आलूदा[5] दाँतों और तीर कीलों तले दबाए घूमती फिरती है उसको तो ममता के इज़्हार का बस यही तरीक़ा आता है।

1 हास्य कार 2 प्रशंसा में लिखी गई शाइ'री 3 हल्का कटाक्ष 4 स्वभाव और प्रकृति 5 रक्त से सने

मज़म्मत

मुख़्तसर[1] ता'रीफ़-ओ-मिदहत[2] से किसी भी ममदूह[3] की सैरी[4] नहीं होती, जबकि मज़म्मत[5] कितनी भी मुख़्तसर हो काफ़ी-ओ-कारी[6] होती है।

1 संक्षिप्त 2 प्रशंसा 3 जिसकी प्रशंसा हो 4 संतुष्टि 5 निंदा 6 गहरे घाव लगाने वाली

कुढ़ा हुआ सियासत-दाँ

कुढ़ा हुआ सियासत-दाँ[1] 'नाँ' और 'नहीं' को कभी हर्फ़-ए-आख़िर[2] नहीं समझता। बल्कि 'नाँ' को 'हाँ' की शर्माती, लजाती शक्ल जान कर जो करना है कर गुज़रता है।

1 राजनीति करने वाले 2 आख़िरी बात

सियाह गट्टा

सारी उ'म्र ग़लत क़िब्ले की तरफ़ सज्दा करने से मुलाज़िम-पेशा[1] शख़्स के ज़मीर[2] पर सियाह[3] गट्टा पड़ जाता है फिर वो बोलता कम और तौलता ज़ियादा है।

1 नौकरी करने वाला 2 अंतरात्मा 3 काला

अ'वामुन्नास

आजकल अ'वामुन्नास[1] से मुराद वो अ'वाम[2] हैं जिनका नास मार दिया गया।

1 जनता जनार्दन 2 जनता

हुकूमत और क़व्वाली

हुकूमत और क़व्वाली में गाता तो दर-अस्ल एक ही शख़्स है, बाक़ीमाँदा[1] फ़क़त[2] ताली बजाते हैं, मगर समझते ये हैं कि वो भी बराबर गा रहे हैं।

1 बचे हुए लोग 2 केवल

शाइस्ता

शाइस्ता[1] कहलाने का सिर्फ़ वो शख़्स मुस्तहिक़-ओ-सज़ावार[2] है जो हा-लात-ए-हाज़िरा[3] पर गाली बके बग़ैर दो मिनट गुफ़्तुगू[4] कर सके।

1 शालीन 2 योग्य 3 वर्तमान परिस्थितियों 4 बातचीत

ख़ारिश

फ़क़त नाख़ुन काटने या उखाड़ देने से ख़ारिश[1] नहीं मिटती।

1 खुजली

घाग लीडर

घाघ लीडर ज़बान और तलफ़्फ़ुज़[1] की ग़लतियाँ कस्रत[2] से इसलिए भी करते हैं कि लोग सिर्फ उन्हीं का मज़ाक़ उड़ाने में उलझे रहें, दूसरी क़िस्म की ग़लतियों पर किसी की नजर न जाए।

1 उच्चारण 2 अधिकता

कस्रती ज़बान

गलियों, बाज़ारों, खेतों, खलियानों और चौपालों में बोली जाने वाली Muscular (उ'ज़लाती) और कस्रती ज़बान अपना मफ़्हूम[1] किसी एच-पेच और झालर फुंदनों के बग़ैर भी इख़्तिसार,[2] रसान[3] और दिल-नशीनी के साथ अदा करने की भरपूर सलाहियत[4] रखती है।

1 अर्थ 2 संक्षेप 3 नर्मी 4 शाक्ति

तब्दीली और बेहतरी

अगर हम अपने गिर्द-ओ-पेश,[1] हल्क़ा-ए-असर[2] और माहौल में अपने हिस्से की तब्दीली[3] और बेहतरी न ला सके तो जानो हमने रब की बख़्शी हुई सलाहियतों और क़ुव्वतों[4] को रायगाँ[5] किया, गोया सारी ज़िन्दगी अकारत और उ'म्र की पूँजी कुल्लुहुम[6] बट्टे खाते में गई।

1 आस-पास 2 प्रभाव क्षेत्र 3 बदलाव 4 शक्तियों 5 व्यर्थ 6 कुल, सारा

उर्दू

अंग्रेज़ी की बनिस्बत[1] उर्दू में बज़ाहिर[1] एक ही ख़राबी नज़र आती है, वो ये कि आसानी से समझ में आ जाती है।

1 तुलना में 2 बाहर से

अपनी ज़बान

गाना, गिनती, गिलः-गुज़ारी[1] और गाली अपनी ही ज़बान में मज़ा देती है

1 शिकायत

नए नोटों की ख़ुश्बू

मायूसी, क़ुनूतियत[1] और डिप्रेशन के मरीज़ों को ताज़ा और नए नोटों की ख़ुश्बू नहार-मुंह[2] सुंघा दी जाए तो तबीयत संभल जाएगी।

1 निराशावाद 2 बासी मुंह

लज़्ज़त-ए-गुनाह से महरूम

सिर्फ एक चीज़ ऐसी है जिसका शुमार[1] किसी भी ज़बान में रखने को इन्सान का जी नहीं चाहता, वो है इन्सान के अपने गुनाह और ख़ताएँ[2]। इसीलिए अल्लाह ने इस काम पर फ़रिश्ते तअ'य्युनात[3] किए हैं जो सिर्फ गिनती रखते हैं। लज़्ज़त-ए-गुनाह[4] से अज़ल-ता-अबद[5] महरूम[6]।

1 गिनती 2 ग़लतियाँ 3 तैनात 4 गुनाह का आनंद 5 सृष्टि के आरंभ से अन्त तक 6 वंचित

टेक्स्ट बुक

मक्तबों,[1] दानिश-गाहों[2] और जामिआ'त[3] से फ़ारिग़-उत-तहसील[4] होने के बा'द पहला इन्किशाफ़[5] ये होता है कि कारोबार-ए-दुनिया हमेशा टेक्स्ट बुक के मुताबिक़[6] नहीं चलता।

1,2 विद्यालय 3 विश्विद्यालय 4 उपाधि प्राप्त 5 रहस्योद्घाटन 6 अनुसार

तज्रबे की कुठाली

किताबी इ'ल्म[1] जब तक तज्रबे[2] की कुठाली में गल पिघल और ढल कर हक़ाइक़-ए-हाज़िरा[3] के साथ यक-रंग-ओ-हमरंग-ए-यकदिगर[4] न हो जाए, वो सही मा'नों में नाफ़े'[5] या'नी कार-आमद,[6] कार-कुशा[7]-ओ-कार-आफ़रीं[8] नहीं हो सकता।

1 ज्ञान 2 अनुभव 3 वर्तमान सच्चाइयों 4 एक ही रंग का 5,6,7,8 लाभप्रद

गले का हार

मज़ाह-निगार भी मुग़ल बच्चों की मानिंद होते हैं, जिस पर मरते हैं उसको अगर 'ग़ालिब' की तरह मार रखने की इस्तिताअ'त[1] नहीं रखते तो उसके गले का हार बन जाते हैं।

1 क्षमता

शेर

जानवर अगर तुम्हें फाड़ खाए तो जान जाओ कि वो शे'र ही है, गधा नहीं।

घोड़ा

घोड़ा फ़क़त[1] लगाम से क़ाबू में नहीं आता, वो सवार का आसन पहचानता और मज़बूत फड़कती रानों के जम्बूरी[2] दबाव की ता'मील[3] पर मज्बूर है।

1 केवल 2 पकड़ने के औज़ार जैसा 3 अनुपालन

मन्ज़िल

कुछ राहें, कुछ मन्ज़िलें और हफ़्त-ख़्वाँ[1] ऐसे भी होते हैं जिन्हें तन-ए-तन्हा,[2] बे-कारवाँ और बे-हमरहाँ[3] तय किया जाता है। कोई दूसरा शरीक-ए-सफ़र हो जाए तो न सिर्फ़ मन्ज़िल खोटी होती है बल्कि दोनों पत्थर के हो जाते हैं।

1 बहुत कठिन काम 2 अकेले 3 साथियों के बिना

शादी

शादी एक ऐसी रोमांटिक कहानी है जिसमें हीरो पहले ही बाब[1] में फ़ौत[2] हो जाता है।

1 अध्याय 2 देहांत

सास, सुसर, मौसम और हुकूमत

सास, सुसर, मौसम और हुकूमत के ख़िलाफ़ लिखने के लिए दिमाग़ पर ज़ियादा ज़ोर नहीं देना पड़ता।

घमसान की जंग

मियाँ बीवी की घमसान की जंग या इत्तिफ़ाक़िया[1] झड़प में हमेशा जीत उसकी होती है जो पहले रो दे। ये और बात कि हक़ भी उसी के पल्ले और आँसुओं से तर पल्लू में होता है।

1 संयोगवश

"चे"

एक आम गृहस्त औ'रत की कहानी चादर, चार-दीवारी और चाँदनी पर ख़त्म नहीं होती। इसमें एक और "चे' का इज़ाफ़ा करना पड़ेगा। यानी वो टूटी फूटी चारपाई जिस पर आँसुओं से तर दोपट्टे से मुंह लपेटे वो ग़रीब अटवाटी खटवाटी लेकर पड़ रहती है।

दोस्ती

सच्ची, गहरी, पाएदार[1] और काबिल-ए-ए'तिबार[2] दोस्ती की बुनियाद दर-हक़ीक़त[3] नासमझी, बे-ख़बरी और ना-तज्रबः-कारी[4] की उ'म्र ही

में पड़ती है, क्योंकि उ'म्र के साथ साथ सयानापन और फ़ास्ले बढ़ते जाते हैं।

1 मज्बूत 2 भरोसे वाली, वाला 3 वास्तव में 4 अनुभवहीनता

रग़बत

जो शख़्स रोज़ाना रग़बत[1] से बद-मज़ा खाना खाए या किसी बदसूरत पे जी जान से आ'शिक़ हो जाए, उससे डरना चाहिए। ऐसे से कुछ भी बई'द[2] नहीं।

1 चाव 2 दूर

कराची

जो शख़्स कराची में रहते हुए कराची की बुराई न करे उसकी बीनाई[1] और गोयाई[2] दोनों में शुबहा[3] है और जो कराची छोड़ने के बा'द उसे बे-तरह याद न करे उस की मा'क़ूलियत[4] और एहसानमन्दी में कलाम है।

1 दृष्टि 2 बोलने की क्षमता 3 शक 4 तर्क संगत होना

रिश्ते नाते

बा'ज़[1] राब्ते[2] और रिश्ते नाते ऐसे होते हैं कि उनके दरकने और टूटने के बा'द मुन्कशिफ़[3] होता है कि उनकी जड़ें तो वजूद[4] की पाताली गह-राइयों में उतर चुकी थीं।

1 कुछ 2 संपर्क 3 रहस्योद्घाटन 4 अस्तित्व

इख़्तिलाफ़-ए-राय

खरा खुला, उसूली[1] और सेहत-मन्द इख़्तिलाफ़-ए-राय[2] जितना आज़ाद

मुआ'शरे[3] के लिए ज़रूरी है, उतना ही बाहमी[4] रब्त-ओ-तअ'ल्लुक़[5] के लिए बाइ'स-ए-तक़्वियत-ओ-ज़ेबाई[6] है।

1 सैद्धांतिक 2 मतभेद 3 समाज 4 आपसी 5 संबंध 6 शक्ति और शोभा का कारण

निशात-ए-कार के दर

जब तक इन्सान को इस पर पुख़्ता[1] यक़ीन[2] न हो कि दूसरा साँस आने से पहले मौत आ सकती है, इस पर निशात-ए-कार[3] और इ'र्फान-ए-हयात[4] के दर[5] वा[6] नहीं होते।

1 पक्का 2 विश्वास 3 काम करने की उमंग 4 स्वचेतना 5 द्वार 6 खुलना

टापू

तूफ़ान, सुनामी और ज़ेर-ए-आब[1] ज़लज़ले[2] जब समुद्र को मथ के रख देते हैं तो कभी-कभार वो माइल-ब-करम[3] भी हो जाता है और अपनी पाताली तह से कोई कोरा, अछूता जज़ीरा,[4] कोई कटीले किनारों वाला, तरशा तरशाया टापू बीच भँवर में उछाल देता है।

1 पानी के नीचे 2 भूकंप 3 कृपाशील 4 द्वीप

रुहानी तरफ़्फ़ु'

बे-नियाज़ाना[1] गुज़र जाने का लुत्फ़[2] ही कुछ और है। इससे रुहानी-तरफ़्फ़ु'[3] और बालीदगी[4] महसूस होती है।

1 उपेक्षा करते हुए 2 आनंद 3 4 परिपक्वता

रिश्त:-ए-इज़्दिवाज

दाना[1] आदमी खुली आँखों से ऐसी Relationship को क़ुबूल नहीं करता

जिसमें हर सूरत में हार उसी की हो, सिवाए रिश्तः-ए-इज़्दिवाज के।

1 अक़्लमंद 2 वैवाहिक संबंध

दुसरात

ग़लत काम हो या गुनाह, दुसरात[1] से Moral Support मिलती है, तक़्वियत[2] होती है और लज़्ज़त-ए-गुनाह[3] दोगुनी हो जाती है। नेकी करने वाले को मॉरल सपोर्ट की ज़रूरत नहीं होती।

1 दुहराव 2 ताक़त मिलना 3 पाप का आनंद

हुस्न-ए-बयान, बयान-ए-हुस्न

औ'रत के दिल की राह मर्द की ज़बान के हुस्न-ए-बयान[1] और बयान-ए-हुस्न[2] से हो कर गुज़रती है।

1 वाक-पटुता 2 सौन्दर्य का बखान

चटकीला और फड़कता हुआ फ़िक़्रा

महफ़िल को चौंका और गर्मा देने वाला चटकीला और फड़कता हुआ फ़िक़्रा[1] जेह्न में आते ही ज़बान पर ले आना बहुत आसान है। इसलिए कि वो मचलता है। लेकिन उसे ज़ब्त[2] करने और ज़रा रोके रखने के लिए पास-ए-ख़ातिर,[3] तहम्मुल[4] और मुन्तज़िर-मिज़ाजी[5] दरकार है।

1 वाक्यांश 2 रोकना 3 किसी को बात बुरी न लगे इसका ध्यान रखना 4 धैर्य 5 मौक़े का इन्तिज़ार करने की क्षमता

फ़रिश्तों की बायोग्राफ़ी

फ़रिश्तों की आटो-बायोग्राफ़ी फ़रिश्ते ही पढ़ सकते हैं, बशर्ते कि पहले

कोई कातिब[1] लिखने और पब्लिशर छापने पर रज़ामन्द तो हो।

1 लिखने वाला

साहिब-ए-ज़ौक़-ओ-नज़र क़ारी

साहिब-ए-ज़ौक़-ओ-नज़र[1] क़ारी[2] बनने के लिए वसीअ'[3] मुताला'[4], विज्दान,[5] शे'र-ओ-अदब की परख और एक उ'म्र की तपस्या दरकार है।

1 खरे-खोट की समझ रखने वाला 2 पाठक 3 विस्तृत 4 अध्ययन 5 अन्तर्ज्ञान

चाल की ख़ूबी

चाल की ख़ूबी से ही चाल चलन की ख़राबी का अन्दाज़ा किया जा सकता है। ये अन्दाज़ा इससे नहीं किया जा सकता कि किस रफ़्तार से कितना फ़ास्ला[1] तय किया।

1 दूरी

स्त्री-दृष्टि

जवान और ख़ूबसूरत औ'रत की गुद्दी में निहायत[1] हस्सास[2] और नज़र-शनास[3] रादार (Radar) होता है। उसे साफ़ नज़र आता है कि पीछे कौन कैसी नज़र से देख रहा है।

1 अत्यंत 2 संवेदनशील 3 नज़र पहचानने वाला

उ'म्र का लिहाज़

मिदहत[1], मज़म्मत[2], मज़ाक़, मुसाबक़त[3] और मुआ'शक़े[4] में जो बे-अदब[5] बद-तहज़ीब[6] उ'म्र का लिहाज़ न रखे, उसको फ़रिश्ते लंगोट बंधवा कर

हूरों से कोड़े लगवाएँगे।

1 प्रशंसा 2 निंदा 3 प्रतिस्पर्धा 4 प्रेम-प्रसंग 5 अभद्र 6 असभ्य

चाल चलन

मज़ाहिया[1] शाइ'री से चाल चलन ख़राब नहीं होता।

1 हास्य

मसाइब

अलमिया[1] ये है कि इन्सान के मसाइब[2] की तमामतर[3] ज़िम्मेदारी ख़ुद इन्सान ही पर आइद[4] होती है, जो आप अपना मुसब्बिबुल-मसाइब[5] है।

1 दुखद बात 2 मुसीबतें 3 सारी 4 लागू 5 परेशानियों का कारण

बुड्ढा आ'शिक़

मेरे ख़याल में बुड्ढे आ'शिक़ में तीन खूबियाँ ऐसी होती हैं जो किसी जवान में हो ही नहीं सकतीं। अव्वल[1] बे-ज़रर-ओ-बे-तलब[2] होता है। दोम,[3] बा-वफ़ा होता है। सोम,[4] जानते बूझते जिस शिद्दत[5] और यकसूई[6] से वो बावला होता है वो किसी जवान के बस का रोग नहीं।

1 पहली बात 2 अहानिकारक और अपेक्षा न करने वाला 3 दूसरी बात 4 तीसरी बात 5 जोश 6 एकाग्रता

सादा-ओ-पुरकार तक़रीर

दानाओं[1] के नज़्दीक सादा-ओ-पुरकार[2] तक़रीर[3] वो है जिसमें चार बातों का ख़याल रखा जाए। अव्वल[4] सन्जीदा[5] लोगों से सन्जीदा गुफ़्तुगू करने से पर्हेज़ करो। दोम,[6] इख़्तिसार[7] से काम लो। सोम,[8] बैठ जाओ, क़ब्ल[9] इसके कि बिठा दिए जाओ। चहारुम,[10] तक़रीर के दौरान आँखें बन्द रखो

कि सामई'न[11] का रद्द-ए-अ'मल[12] न देख सको।

1 अक़्लमन्दों 2 सादा और अलंकृत 3 भाषण 4 पहली 5 गंभीर प्रकृति 6 दूसरी 7 संक्षिप्तता 8 तीसरी 9 पहले 10 चौथी 11 श्रोताओं 12 प्रतिक्रिया

हमला-आवर

हमला करने के लिए हक़[1] पर होना ज़रूरी नहीं। हमला-आवर[2] के तेवर, हथियार और पैंतरों पर नज़र रखनी चाहिए। मकारिम-ए-अख़्लाक़[3] और तलाश-ए-हक़[4] को किसी और ना-मुनासिब[5] वक़्त के लिए उठा रखो। इसी में आ'फ़ियत[6] है।

1 सत्य 2 आक्रमणकारी 3 श्रेष्ठ नैतिकता 4 सत्य की खोज 5 अनुचित 6 भलाई

हक़्क़-ए-दुश्नाम

अगर नाकारा और करप्ट हुकूमत को गाली देने से कलेजा ठंडा होता है या अल्सर की सोज़िश-ए-शबाना[1] में इफ़ाक़ा[2] होता है तो ख़ुद को अपने इख़्तियारी[3] हक़्क़-ए-दुश्नाम[4] और ख़ुद-मुदावात (Self Medication) से महरूम[5] न रखो।

1 रातों में होने वाली जलन 2 सुधार 3 अनायास 4 गाली देने का अधिकार 5 वंचित

झूठा और लपाटी

मुबालग़ा[1] या ग़लत-बयानी करने और झूठ बोलने वाले को जो शख़्स[2] सबसे पहले झूटा और लपाटी गर्दानता[3] है वो कौन होता है? वो शख़्स, वो ज़ात-ए-शरीफ़,[4] वो ख़ुद होता है।

1 अतिशयोक्ति 2 व्यक्ति 3 समझना 4 महापुरूष

सच

वो ज़माने बड़े ग़नीमत थे, जब सच बोलने से क़यामत[1] आ जाती थी। अब इससे भी बड़ा अलमिया[2] दर-पेश[3] है। अब सच और सच बोलने वाले का कोई नोटिस नहीं लेता। इग्नोर करते हैं। ये सच की कहीं ज़ियादा तहक़ीर-ओ-तज़्लील[4] है।

1 प्रलय, मुसीबत 2 दुखद स्थिति 3 सामने 4 अपमान और तिरस्कार

कठिन ज़िन्दगी कठोर ज़माना

कठिन ज़िन्दगी और कठोर ज़माने से बेहतर-ओ-बरतर[1] कोई उस्ताद नहीं। वही जो इ'श्क़-ए-ख़ूनीं से लिखा सबक़ पढ़ाते हैं। उसे समझने और याद रखने के लिए आमोख़्ता[1] की ज़रूरत नहीं पड़ती।

1 पाठ

दाना, नादान

दाना[1] मुंह बना कर पीते हैं और नादान[2] पी कर मुंह बनाते हैं।

1 बुद्धिमान 2 नासमझ

लफ़्ज़ का नशा

लफ़्ज़[1] का नशा बड़ा ज़ालिम होता है। एक घूँट, एक चुस्की में सौ बोतलों का नशा इसी में देखा। ये वाहिद[2] नशा है जिसका उतार नहीं।

1 शब्द 2 एकमात्र

मुफ़ारक़त

वाज़ेह[1] हो कि मुफ़ारक़त[2] की सबसे आ'म, ज़ालिम, दाइमी[3] और बावली

सूरत वो है जो बग़ैर क़ुर्बत[4] के वाक़े'[5] हो या'नी यकतरफ़ा[6] फ़रेफ़्तगी[7] और चाहत।

1 स्पष्ट 2 वियोग 3 हमेशा रहने वाली 4 निकटता 5 घटित 6 एक तरफ़ा 7 आसक्ति

मिन-जानिब आस्मान

जब दो आँखें ज़ाइद-अज़-ज़रूरत[1] मा'लूम होने लगें और एक मिची मिची सी आँख से देखने की आ'दत पड़ जाए तो तस्लीम-ओ-रज़ा[2] का शेवा[3] इतना पुख़्ता और अ'क़ीदा[4] इतना मोहकम[5] हो चुका होता है कि नऊ'ज़ु-बिल्लाह[6] ज़ाती[7] नालायक़ी[8] भी सरासर मिन-जानिब-आस्मान[9] मा'लूम होती है!

1 ज़रूरत से ज़ियादा 2 बिना सोचे समझे मान लेना या राज़ी होना 3 आदत 4 आस्था 5 मज़बूत 6 ख़ुदा बचाए 7 ख़ुद की 8 अयोग्यता 9 आस्मान की ओर से

चर्ब-ज़बान

कड़वा सच तो बेवक़ूफ़ से बेवक़ूफ़ आदमी भी भड़ से बोल सकता है। ख़ुशामद[1] और तमल्लुक़[2] के लिए ज़ीरक[3] चर्ब-ज़बान[4] और मिज़ाजदार[5] होना ज़रूरी है।

1,2 चापलूसी 3 बुद्धिमान 4 बातूनी 5 अभिमानी

गाली

गोले और गोली में अगर बारूद की बजाय गाली भर के फ़ाइर किया जाए तो अगला मरता तो नहीं पर सारी उ'म्र हाय हाय करता फिरता है। ज़ख़्म भरने का नाम ही नहीं लेता। रह-रह के गाली की टीसें उठती रहती हैं।

ख़ामोशी

डिक्टेटर के वरूद,[1] ताक़त, कब्ज़-ए-ग़ासिबाना[2] और मुसल्लत[3] रहने की वज्ह मुसल्लह[4] अफ़्वाज[5] की पुश्तपनाही,[6] टैंक, तोपख़ाने और बमबार जहाज़ नहीं होते बल्कि अस्ल वज्ह अ'वाम-ए-कल-अनआ'म[7] की ख़ामोशी होती है।

1 पदार्पण 2 नाजायज़ क़ब्ज़ा 3 हावी 4 सशस्त्र 5 सेनाओं 6 संरक्षण 7 आम लोग

फ़ुह्श-निगारी

जिसका जिन्सी[1] तज्रबा[2] जितना कम होगा और जिन्सी मह-रूमी-ओ-ना-आसूदगी[3] जितनी ज़ियादा होगी वो फ़ुह्श-निगारी[4] में उतना ही खुल खेलेगा।

1 यौन संबंधी 2 अनुभव 3 अभाव और अतृप्ति 4 अश्लील लेखन

एहसास-ए-मुसाफ़िरत

शे'र के मौज़ूअ'[1] की हैसियत से सफ़र और हिज्रत[2] में कोई मुज़ाइक़ा[3] नहीं, मगर शर्त ये है कि मुसाफ़त[4] तय करते वक़्त क़दम क़दम पर एह-सास-ए-मुसाफ़िरत[5] डंक न मारे।

1 विषय-वस्तु 2 पलायन 3 बुराई 4 दूरी 5 यात्री होने का एहसास

झूट

ढंग से झूट बोलने के लिए आ'लम-ए-होश-ओ-हवास[1] में रहना ज़रूरी है।

1 पूरी तरह सचेत

नौनिहाल

दो-तर्फ़ा मोहब्बत में आ'शिक़-मिज़ाज लोगों को एक ख़दशे[1] बल्कि खुले ख़तरे का सामना होता है। ज़रा भी ग़फ़्लत[2] बरतें तो निकाह की सूरत पैदा हो जाती है। फिर हनीमून की जगह नोन तेल ले लेते हैं और रूमान की जगह नौनिहाल[3]।

1 आशंका 2 भूल 3 नवजात शिशु

अच्छी तक़रीर

अच्छी तक़रीर[1] की तीन शराइत[2] हैं। सच बोलो, बोलने से पहले तोलो, बैठ जाओ क़ब्ल[3] इसके कि बिठा दिए जाओ|

1 भाषण 2 शर्तें 3 पहले

चाय

चाय में गुनाह की आमेज़िश[1] हो जाए तो शराब का मज़ा देती है।

1 मिलावट

तज्रबे

बा'ज़[1] तज्रबे[2] इतने ख़ालिस[3] बल्कि 'निख़ालिस'[4] होते हैं कि उनमें सिवाए शौक-ए-तज्रबिय्यत[5] के और कोई चीज़ नज़र नहीं आती।

1 कुछ 2 अनुभव 3 शुद्ध 4 शुद्ध का ग़लत रूप 5 अनुभवप्रियता

तज्रबा और तदब्बुर

कभी ऐसा भी होता है कि इन्सान अपनी ग़लतियों और ला-हासिल[1] के पुश्तारे[2] और पशेमानी[3] को ऊ'द-ओ-अ'म्बर की धूनी देकर तज्रबा-ओ-

तदब्बुर[4] का भला सा नाम दे देता है।

1 व्यर्थ कर्म 2 भारी बोझ 3 शर्मिन्दगी 4 अनुभव और दूरदर्शिता

इ'ज़्ज़त की ज़लील-तरीन सूरत

आर्ट और अदब[1] की दुनिया में जो इ'ज़्ज़त सिर्फ़ सिन-रसीदगी या'नी बैठे-बैठे बूढ़े हो जाने की बिना पर की जाए वो इ'ज़्ज़त की ज़लील-तरीन[2] सूरत होती है।

1 साहित्य 2 सबसे तिरस्कृत

तलफ़्फ़ुज़ की ग़लती

गाली में तलफ़्फ़ुज़[1] की ग़लती ना-काबिल-ए-बर्दाश्त[2] होती है।

1 उच्चारण 2 असहनीय

मर्द

मर्द जब औ'रत बन कर बोलता और लिखता है तब भी सुसरा मर्द ही रहता है।

बदन-बोली

तवाना[1] ज़बान और लोक लहजे में ये ख़ूबी होती है कि 75 फ़ीसद[2] मत्लब बोली से और बक़िया[3] 25 फ़ीसद Body Language (बदन-बोली, अंग भाव) से अदा हो जाता है।

1 शक्तिशाली 2 प्रतिशत 3 बाक़ी बचा हुआ

इ'ज़्ज़त, आ'फ़ियत, ग़ैरत

मूँछ, बन्दूक़, ठीक निशाना, ठीक ठाक शजरा,[1] कड़ियल बेटे और क़द काठी के बग़ैर अल्लाह भी बन्दे को इ'ज़्ज़त, आ'फ़ियत,[2] ग़ैरत[3] नहीं बख़्शता।

1 वंश-वृक्ष 2 सुरक्षा 3 स्वाभिमान

भूक

दर-अस्ल खाने में मज़ा और स्वाद मसालों से नहीं, भूक से पैदा होता है।

लज़्ज़त-ए-आसूदगी

गुम-गश्तः-ए-राह[1] एक बार लज़्ज़त-ए-आवारगी[2] से आश्ना[3] हो जाए तो फिर सीधी सड़क पर नहीं चलता। जादः-ओ-मन्ज़िल[4] की क़ैद से हमेशा के लिए आज़ाद हो जाता है!

1 राह से भटका हुआ 2 आवारगी का आनंद 3 परिचित 4 रास्ता और गंतव्य

अपना रास्ता आप

जवानी, जौलानी[1], पानी और पैसा अपना रास्ता आप बना लेते हैं, रोके नहीं रुकते।

1 तेज़-रफ़्तारी

बे-मा'ना और बे-फ़ुज़ूल

गाली हो कि जौज़ा (जौजा) या अल्लाह लगती बात, वो जित्ती भी बे-मा'ना और बे-फ़ुज़ूल लगे, उत्ती ही सच्ची और उत्ती ही दिल पे घूँसे की तरह लगती है।

आसूदगी

इसमें शक नहीं कि जो आसूदगी,[1] फ़र्हत[2] और फ़राख़ी[3] अपना और बच्चों का पेट काट कर ग़ैर-ज़रूरी[4] चीज़ें ख़रीदने के बा'द महसूस होती है वो genuine अशिया-ए-ज़रूरत,[5] घर गृहस्ती और रोज़मर्रा इस्तिमाल की चीज़ें मज्बूरन और हार कर, झक मार कर ख़रीदने में मयस्सर[6] नहीं।

1 संतुष्टि 2 ताज़गी 3 खुलापन 4 अनावश्यक 5 ज़रूरी चीज़ें 6 प्राप्त

डिप्रेशन के मरीज़

डिप्रेशन के मरीज़ को इस्राफ़-ए-बेजा[1] और अल्लम ग़ल्लम शॉपिंग से इफ़ाक़ा[2] होता है।

1 फ़ुज़ूल ख़र्ची 2 बीमारी में सुधार

ग़लब:-ए-मुख़ालिफ़ाना

जिन ख़यालात-ओ-मुशाहिदात[1] को हम शैतान का ग़लब:[2] समझ कर उस पर ला'नत[3] भेजते हैं, वो दर-हक़ीक़त[4] हम पर ख़ुद हमारा ग़लब:-ए-मुख़ालिफ़ाना[5] होता है।

1 विचारों और अनुभवों 2 प्रभुत्व 3 धिक्कार 4 वास्तव में 5 विरोधात्मक प्रभुत्व

चटोरा

चटोरे के सामने आप बीस तरह की डिशेज़ रख दीजिए, वो अदबदा के उसी डिश की तरफ़ हाथ बढ़ाएगा जो सबसे ज़ियादा मुज़िर्र-ए-सेहत[1] हो।

1 स्वास्थ के लिए हानिकारक

चटोरे

चटोरे जिन अमराज़[1] में मुब्तला[2] होते हैं उनकी जड़ मे'दे[3] में नहीं, ज़बान में होती है।

1 रोगों 2 ग्रस्त 3 पेट

जवानी और पीरी

भरी जवानी और पीरी[1] में एक बात मुश्तरक[2] है। दोनों ही जब टूट के आती हैं तो संभाले नहीं संभलतीं, किसी तरह बस में नहीं आतीं।

1 बुढ़ापा 2 समान

'दाग़'

दाग़ है बाँका और अलबेला शाइ'र मगर मज़्लूम[1] इन मा'नों[2] में कि उसके दामन को तवाइफ़ों ने, शाइ'री को नक़्क़ालों[3] और शोहरत[4] को नक़्क़ादों[5] ने दाग़दार करके छोड़ा।

1 पीड़ित 2 अर्थ 3 नक़्ल करने वाले 4 प्रसिद्धि 5 आलोचकों

BOOKS

रेख़्ता बुक्स के प्रकाशन

देवनागरी

1. क़श्क़ा खींचा दैर में बैठा	फ़रहत एहसास
2. अब मैं अक्सर मैं नहीं रहता	अनवर शुऊ'र
3. मौसम इतना सर्द नहीं था	ज़ुल्फ़िक़ार आ'दिल
4. खिड़की तो मैंने खोल ही ली	शारिक़ कैफ़ी
5. ग़ज़ल उसने छेड़ी (खंड 1,2,3,4,5,6)	संकलनः फ़रहत एहसास
6. गुलदस्ता-ए-क़व्वाली (खंड 1,2)	संकलनः सुमन मिश्र
7. सुब्ह-बख़ैर ज़िन्दगी	अमीर इमाम
8. अकेलेपन की इन्तिहा	जमाल एहसानी
9. सभी रंग तुम्हारे निकले	सालिम सलीम
10. तिरी सदा का इन्तिज़ार	ख़लीलुर्रहमान आ'ज़मी
11. इक शाम तुम्हारे हिस्से की	काशिफ़ ग़ाइर
12. रौशनी जारी करो	मनीष शुक्ला
13. लिफ़ाफ़े में रौशनी	मोहम्मद अ'ल्वी
14. होशियारी दिल-ए-नादान बहुत करता है	इ'रफ़ान सिद्दीक़ी
15. मिट्टी की सुंदरता देखो	सर्वत हुसैन
16. रेख़्ता उर्दू लर्निंग गाइड (अंग्रेज़ी, हिन्दी)	प्रो० अब्दुर रशीद
17. आख़िरी इ'श्क़ सबसे पहले किया	नो'मान शौक़
18. शाम के बा'द कुछ नहीं	शाहीन अ'ब्बास
19. गुलशन (उर्दू, देवनागरी)	मुज़्तर ख़ैराबादी
20. मोहब्बत जब नहीं होगी	आफ़्ताब हुसैन
21. किताब गुमराह कर रही है	शहराम सरमदी
22. जिस्म का बर्तन सर्द पड़ा है	अमीर हमज़ा साक़िब
23. ग़ज़ल का शोर	ज़फ़र इक़बाल
24. क़ाफ़िला-ए-नौ-बहार	संकलनः विकास शर्मा 'राज़'

25. मौजूद की निस्बत से	महेन्द्र कुमार सानी
26. दुख नए कपड़े बदल कर	शारिक़ कैफ़ी
27. लफ़्ज महफ़ूज़ कर लिए जाएँ	आ'सिम वास्ती
28. मोहब्बत करके देखो ना...	फ़रहत एहसास
29. उदासी बाल खोले सो रही है	नासिर काज़मी
30. मुझ पर मेरा साया पड़ गया	भारत भूषण पंत
31. रेख़्ता के ज़ौक़	संकलनः फ़रहत एहसास
32. रेख़्ता के दाग़	संकलनः फ़रहत एहसास
33. इ'श्क़	मोई'द रशीदी
34. फिर मुझे नींद आ गई	रईस फ़रोग़
35. हिज्र की दूसरी दवा	फ़हमी बदायूनी
36. 100 शाइ'र 100 ग़ज़लें	संकलनः फ़रहत एहसास
37. उदास लोगों का होना बहुत ज़रूरी है	तर्कश प्रदीप
38. रेख़्ता के नज़ीर	संकलनः फ़रहत एहसास
39. लॉकडाउन के दौरान मौत का ज़िन्दगी-नामा	प्रज्ञा शर्मा
40. गंजे फ़रिश्ते	सआ'दत हसन मंटो
41. मौत की किताब (नॉवेल)	ख़ालिद जावेद
42. सूरजमुखी का फूल	दिलावर अ'ली आज़र
43. ख़ामुशी रास्ता निकालेगी	धीरेन्द्र सिंह फ़य्याज़
44. रेख़्ता के मोमिन	संकलनः फ़रहत एहसास
45. रेख़्ता के आतिश	संकलनः फ़रहत एहसास
46. हमसे क्या हो सका मोहब्बत में	फ़िराक़ गोरखपुरी
47. शीशा-घर में तोड़-फोड़	संकलन: डॉ. मज़हर अहमद
48. रेख़्ता के इन्शा	संकलनः फ़रहत एहसास
49. अगर मैं शे'र न कहता	अ'ब्बास ताबिश
50. नुमाइन्दा कहानियाँ मंटो	सआ'दत हसन मंटो
51. नुमाइन्दा कहानियाँ प्रेमचंद	प्रेमचंद
52. नुमाइन्दा कहानियाँ राजिंदर सिंह बेदी	राजिंदर सिंह बेदी
53. उलट-पुलट का रोज़नामचा	पतरस बुख़ारी
54. नुमाइन्दा कहानियाँ कृष्ण चंदर	कृष्ण चंदर

55. उर्दू की प्रसिद्ध कहानियाँ — संकलनः राहुल झा
56. रंगों की मनमानी — वसीम नादिर
57. एक दिया और एक फूल — इ'शरत आफ़रीन

उर्दू

1. औराक़-ए-ख़िज़ानी — अहमद मुश्ताक़
2. आख़िरी पहर की दस्तक — शमीम हनफ़ी
3. वाहिमा वजूद का — सालिम सलीम
4. गुलशन — मुज़्तर ख़ैराबादी
5. आख़िरी किनारे पर — मोई'द रशीदी

अंग्रेज़ी

1. दीवान-ए-ग़ालिब : सरीर-ए-ख़ामा — नजीब जंग
2. लव लॉन्गिंग लॉस इन उर्दू पोएट्री — संजीव सराफ़

संपर्क

रेख़्ता फ़ाउन्डेशन
बी-37, सेक्टर – 1
नोएडा, यू.पी. – 201301

हमारी पुस्तकें **rekhtabooks.com** और **amazon** पर भी उपलब्ध हैं।